Dieses Buch ist allen Menschen gewidmet,
die mit der Kraft des Tuns
ihrem Leben eine neue Qualität geben.

INHALT

Vorwort

Erfolg hat drei Buchstaben: TUN! Diese Erkenntnis stammt zwar nicht von mir, jedoch war sie immer Teil meines bisherigen Lebens. Die Siege beim Race Across America, die Besteigung der höchsten Berge aller Kontinente und viele andere Erfolge im sportlichen und beruflichen Bereich sind darauf zurückzuführen, dass ich nach einer gewissen Planungszeit in die praktische Umsetzung gegangen bin. Diese Reihenfolge klingt logisch und nachvollziehbar, aber trotzdem scheitern sehr viele Menschen daran, wenn sie ins Tun kommen sollen. Aus meiner Sicht kann es viele Gründe geben, warum das so ist: Zweifel, ob man gut genug ist, mangelndes Selbstvertrauen, Sorge, was andere im Falle eines Misserfolgs sagen werden und vieles mehr hält Menschen davon ab, Dinge auch umzusetzen. Ich habe bereits als Jugendlicher den Entschluss gefasst, beim längsten Radrennen der Welt mitfahren zu wollen. Später kam der Entschluss, dieses Rennen auch gewinnen zu wollen. Natürlich habe ich mich eine gewisse Zeit darauf vorbereitet, aber zum ehestmöglichen Zeitpunkt bin ich in die USA gereist, um dort an den Start zu gehen. Hätte ich gewartet, bis ich noch besser trainiert bin und die Wahrscheinlichkeit für ein erfolgreiches Rennen noch größer wird, wäre ich vermutlich nie an den Start gegangen, denn es gibt immer bessere Umstände. Viele Menschen leben aber nach dem Motto, dass sie lieber noch auf bessere Umstände warten, bevor sie ins Tun kommen wollen. Das führt meistens dazu, dass nie ein passender Zeitpunkt eintritt.

Erfolgreichen Menschen wird nachgesagt, dass sie ein besonders hohes Maß an Selbstvertrauen besitzen, das zu ihren Erfolgen geführt hat. Das mag stimmen, jedoch bleibt dabei Folgendes sehr oft unberücksichtigt: Das Selbstvertrauen wird selten jemandem in die Wiege gelegt. Es ist viel mehr das Ergebnis einer Vielzahl von persönlichen Erfahrungen. Nicht die genetische Veranlagung, auch nicht eine gute Vorbereitung alleine, sondern hauptsächlich die praktischen Erfahrungen lassen das Selbstvertrauen wachsen. Erfolgserlebnisse und genauso auch der Umgang mit Rückschlägen sind ideale Gelegenheiten, um unser Selbstvertrauen zu vergrößern. Konsequentes Handeln ist ein Segen für unsere Lebensqualität. Ich möchte mir kein Leben vorstellen, in dem ich nur über die Dinge nachgedacht habe, die mir reizvoll erschienen, ohne sie jemals ausprobiert zu haben. Es müssen auch nicht immer die ganz großen Ziele sein, um die es geht. Nach zwanzig Jahren Extremsport kann ich sagen, es geht mir schon lange nicht mehr um höher, weiter, schneller. Ziele ja, aber nicht um jeden Preis. Das versuche ich auch in meinen Vorträgen und Büchern zu vermitteln. Für eine Steigerung unserer Lebensqualität genügt es bereits, in unserem Alltag etwas mehr ins Tun zu kommen. Wie viele Hobbys und Freizeitaktivitäten vernachlässigen wir, um unseren Alltagstrott noch intensiver erlebbar zu machen? Zu viele! Dabei scheitern die meisten Aktivitäten nicht am zu großen Aufwand, sondern ganz schlicht an unserer Bequemlichkeit.

Nun gibt es einen Autor, der mit Bequemlichkeit und einer passiven Lebensgestaltung abrechnet. Das ist gut so und längst überfällig. Michael Altenhofer ist selbst Mentalcoach und kann Methoden und Ideen vermitteln, die Sie in die Lage bringen, Ihr Leben vielleicht besser zu gestalten als bisher. In unserer Zusammenarbeit bei verschiedensten Veranstaltungen und Projekten lebt er selbst diese Pro-Aktivität vor, was stetig zu immer größeren Erfolgen führt. Was er sich vornimmt, macht er. Ob das diverse Marathons, ein IRONMAN oder Großveranstaltungen sind: „Zögern" scheint in seinem Wortschatz nicht zu existieren. Somit haben Sie mit diesem Buch eine gute Wahl getroffen. Ich wünsche Ihnen, dass Sie sich optimal auf die Inhalte dieses Buchs einlassen werden. „TU ES" halte ich für ein wichtiges Thema und ich freue mich, mit diesem Vorwort einen Beitrag dazu leisten zu dürfen.

Alles Gute und viel Erfolg!

Wolfgang Fasching   Neukirchen, Juli 2012

I.

All Out

Gänsehaut und feuchte Augen um halb sieben Uhr morgens am Guggenberger See nahe Regensburg. Die Emotionen werden vom Kommentator über Lautsprecher noch gesteigert, damit jeder der anwesenden Zuseher erfährt, was die tausendzweihundert Athleten aus dreiundfünfzig Nationen heute leisten werden. Faszination und zugleich Fassungslosigkeit löst in der Regel die Vorstellung dieses speziellen Bewerbes aus, der unter dem Begriff IRONMAN bekannt ist. Dieser Bewerb ist ein Langstrecken-Triathlon und besteht aus knapp vier Kilometern Schwimmen, über hundertachtzig Kilometern Radfahren und einem Marathon. Alle drei Disziplinen an einem Tag unmittelbar hintereinander.

Gänsehaut und feuchte Augen deshalb, weil ich heute Teil dieser Athleten bin und dasselbe Ziel habe: über mich hinauswachsen, meine Grenzen verschieben und alles zu tun, was nötig ist, um diese Herausforderung bestmöglich zu bewältigen. Aus den Lautsprechern tönt „thirty seconds to go", was einen weiteren Adrenalinschub zur Folge hat. Der Startschuss fällt und eine Masse an schwarzen Neoprenanzügen und gelben Badehauben schiebt sich in diesen ruhigen See, der nun binnen weniger Minuten in ein Wildwasserbecken verwandelt wird.

Zurückhaltung ist jetzt gefragt. Das hat mehrere Gründe: Es ist nicht nur mein erster IRONMAN, sondern mein erster Triathlon überhaupt. Der Entschluss, mich dieser Aufgabe zu stellen, ist erst vor vier Monaten gefallen. Vor zwei Monaten begann mein Kraulkurs für Anfänger. Jetzt nach vorne zu stürmen wäre alles andere als sinnvoll. Schwimmen war und ist meine Angstdisziplin bei diesem Projekt. Gesund und unter der maximal zulässigen Zeit von zwei Stunden und zwanzig Minuten aus dem Wasser zu kommen, das einzige Ziel. Dieses Ziel erreiche ich sogar vierzig Minuten früher und steige kurz darauf auf das Rennrad. Vor drei Monaten habe ich das das erste Mal in meinem Leben gemacht. Die anspruchsvolle Radstrecke mit tausendvierhundert Höhenmetern habe ich deutlich unterschätzt und brauche alleine dafür über sieben Stunden. Mittlerweile hat es über dreißig Grad an diesem Junitag. Ein Ende ist aber noch lange nicht in Sicht.

Sport ist für mich ein ideales Messinstrument für meine eigene mentale Stärke. Als Mentalcoach ist das alleine schon aus beruflichen Gründen für mich interessant. Will ich doch in meiner Arbeit mit Menschen aus eigener Erfahrung sprechen können, wenn es um einen hohen Bewältigungsglauben und ein höheres Selbstvertrauen geht, das für so viele ein wichtiges Thema ist. Bei sportlichen Projekten ist dieser Selbsttest am besten messbar. Hier sehe ich, wie gut es mir gelingt, mein größtmögliches Potenzial genau auf ein Ziel zu fokussieren. Und ich spüre auch wie oft es mir gelingt, mich immer wieder aus mentalen Tiefs zu ziehen. Solche Tiefs sollten heute noch viele kommen.

Denn jetzt ist noch ein Marathon zu bewältigen. Der innere Kampf, bei dem es um Stehenbleiben oder Weiterlaufen geht, beginnt immer heftiger zu toben. Da ich aber weiß, dass selbst in einer solchen Ausnahmesituation einzig und allein ich für den Ausgang dieses inneren Kampfes verantwortlich bin, greife ich in das Geschehen ein, bis das Weiterlaufen besiegelt ist. Zumindest für die nächsten Kilometer, dann geht dieser Kampf von vorne los. Nach fast vierzehn Stunden ist diese innere und äußere Schlacht endlich vorbei und ich überquere die Ziellinie und bekomme diese heiß ersehnte Finisher-Medaille und ein T-Shirt. In Wirklichkeit geht es aber nicht um diese symbolische Form der Anerkennung. Das dient höchstens als Erinnerung an diesen Tag. Es geht um die Erfahrung und Selbsterkenntnis, was man zu leisten im Stande ist, wenn man es will. Und: wenn man es tut.

Um das Tun geht es auch in diesem Buch. Es geht nicht darum, mehr vom Selben in immer weniger Zeit zu schaffen. Dafür gibt es ausreichend Zeitmanagement-Literatur. In diesem Buch geht es um das gewisse Etwas, das Sie tun möchten. Von dem Sie überzeugt sind, dass es Ihre Lebensqualität steigert und ein spannendes Leben ermöglicht. Das Sie aber immer wieder aufgeschoben haben. Vielleicht sind es auch mehrere Dinge. Eventuell müssen Sie erst herausfinden, was es bei Ihnen genau ist. In diesem Buch finden Sie Unterstützung, um ins Tun zu kommen.

Der Bereich spielt dabei keine Rolle. Vielleicht denken Sie auch an ein sportliches Projekt. Oder es geht um einen Karrierewunsch in Ihrem jetzigen Beruf oder um eine berufliche Veränderung. Auch private Umstände können konsequente Handlungen erfordern. Natürlich können Sie auch in mehreren Bereichen aktiv werden. Ganz gleich, um welchen Bereich es geht, es sind immer dieselben Mechanismen im Kopf, die uns entweder zögern lassen oder uns zu konsequenten Handlungen ermutigen. Und genau diese Mechanismen im Kopf werden wir uns in diesem Buch näher ansehen. Sie werden dabei lernen, diese Mechanismen zu verstehen und als Werkzeuge zu benutzen. Mit diesen Instrumenten erkennen Sie, was es in Ihrem Leben noch alles gibt, das auf Sie wartet. Sie werden Lust bekommen, ab jetzt ein noch viel spannenderes Leben zu führen und ich bedanke mich für Ihr Vertrauen, dass ich Sie auf diesem wichtigen Weg ein Stück begleiten darf!

Vielleicht haben Sie sich schon Folgendes gefragt:

II.

Klarheit schaffen

Verantwortlich bin ich

Physiologie der Bewältigung

Inner Game – im Kopf zuerst gewinnen

Ein Bauch voll Wissen

Was soll ich tun?

Klarheit schaffen

Diese Frage haben Sie sich vielleicht reflexartig gestellt, als Sie den Titel des Buches gelesen haben. Dann haben Sie eine gute Wahl getroffen. Nämlich sich selbst zu fragen und nicht jemand anderen. Jemand anderer kann Ihnen diese Frage auch nicht beantworten. Man müsste Sie schon sehr gut kennen, um zumindest einen Vorschlag machen zu können. Aber auf Vorschläge von außen sind Sie kein bisschen angewiesen. Ich bin nämlich überzeugt, dass Sie es sehr genau wissen, was zu tun ist, damit das Bedürfnis, das hinter dem Lesen dieses Buches steckt, befriedigt wird. Dieses Bedürfnis ist möglicherweise, wenn man es sehr allgemein formuliert, der Wunsch nach einer Veränderung. Etwas genauer gesagt, der Wunsch nach einer Verbesserung, in welchem Bereich auch immer. Eventuell ist es auch eine gewisse Form der Neugier nach etwas Unbekanntem. Der berühmte Blick über den Tellerrand. Der erste Versuch, die Komfortzone zu verlassen, ohne sie wirklich verlassen zu müssen. Noch nicht, aber dazu später mehr.

Das, was Sie tun sollten, ist etwas sehr Individuelles. Für jeden Leser wird es etwas anderes sein. Ich glaube, dass Sie das Gefühl sehr gut kennen, wenn ein innerer Impuls von Ihnen will, etwas Bestimmtes zu tun. Sie spüren dann instinktiv ein Gefühl der Überzeugtheit und ein brennendes Verlangen danach. Sie lassen es dann aber meistens doch sein, da auch später noch genug Gelegenheit dafür sein wird und vielleicht auch mancher Nachteil unmittelbar damit verbunden wäre. Manche Impulse kommen nur einmal, manche Themen wiederholen sich regelmäßig. Manche davon seit Jahren. Das Bedürfnis nach Veränderung muss nicht das gesamte Leben mit einbeziehen. Meistens betrifft es einen bestimmten Lebensbereich. Ich unterteile in drei Bereiche: Beruf, Privat und Individuum. Beruf dürfte den meisten klar sein: Hier geht es um alle Belange, die mit dem Beruf, aber auch mit anderen verantwortungsvollen Tätigkeiten zu tun haben. Dazu zählen zum Beispiel auch ehrenamtliche Tätigkeiten in Vereinen oder anderen Gemeinschaften. Nicht vergessen: Beruf kommt ja schließlich von Berufung und muss daher nicht ausschließlich mit der Tätigkeit zu tun haben, mit der man Geld verdient. Auch wenn dies natürlich die Idealsituation wäre.

Der Privatbereich umfasst alles, was in der Freizeit gemeinsam mit anderen Personen unternommen wird. Das sind familiäre Themen, Treffen mit Freunden, gemeinsame Hobbys und so weiter.
Der Individuumsbereich – und hier kennen die Wenigsten einen Unterschied zum Privatbereich – betrifft die Zeit, die man ausschließlich für sich nutzt. Dieser Bereich wird meistens am stärksten vernachlässigt. Lesen, spazieren gehen, malen oder sich mit individuellen Themen beschäftigen, die nichts mit dem Beruf oder anderen Menschen zu tun haben, das sind Beispiele für Aktivitäten als Individuum. Sport, unter bestimmten Umständen, zählt auch zur Individuumsrolle. Zum Beispiel Angeln, aber nur, wenn die Fische nicht für das Grillfest mit Freunden geplant sind. Oder Laufen, auch wiederum nur, wenn es nicht zum Zwecke einer besseren Figur für andere gemacht wird. Der Unterschied

zwischen Privat und Individuum verläuft auf einem sehr schmalen Grat und die Aktivitäten tendieren sehr leicht in den privaten Bereich.

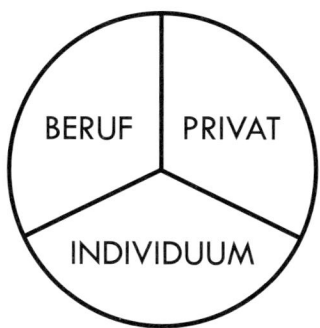

Unser Leben unterteilt in die Bereiche Beruf, Privat, Individuum. Wo läuft es am Besten? Wo noch nicht so gut?

Wenn Sie nun also bei sich den Wunsch verspüren, etwas in Ihrem Leben verbessern zu wollen, empfiehlt es sich, genau hinzuschauen, in welchem Bereich diese Verbesserung stattfinden soll. Bisher haben Sie vielleicht eine solche Trennung nicht vorgenommen und das Gefühl gehabt, dass es in Ihrem Leben einfach nicht so richtig gut läuft. Das heißt, das Gefühl, etwas verbessern zu wollen, umfasste Ihr gesamtes Leben. Dadurch empfinden Sie dieses Gefühl vielleicht als unangenehm stark und zugleich unklar, da man nicht genau sagen kann, was denn konkret zu dieser Verbesserung führen könnte.

Die Aufteilung in drei Lebensbereiche hat den Vorteil, zu der Erkenntnis zu gelangen, dass nicht alles verbessert werden muss, damit die Lebensqualität steigt, sondern dass sehr Vieles sogar gut läuft, es womöglich nur in einem bestimmten Bereich etwas gibt, das man in Angriff nehmen sollte. Durch diese Kurzanalyse gewinnt das Gefühl, etwas verbessern zu wollen, an Klarheit. Dadurch wird der Bewältigungsglaube gesteigert, dass man tatsächlich etwas tun kann, weil man nun weiß, wo. Die drei Bereiche unterteilen sich auch in weitere Unterbereiche. Wenn es der Beruf ist, der Ihre Lebensqualität beeinträchtigt, dann ist es vielleicht nicht der gesamte Berufsbereich. Eventuell ist es nur eine bestimmte Tätigkeit oder vielleicht ist es nur die Kommunikation mit einem bestimmten Kollegen, die dieses negative Gefühl verursacht und von Ihnen unbewusst auf den gesamten Bereich übertragen wird. Im Privatbereich ist es vielleicht nur die Schwiegermutter oder eine bestimmte Verhaltensweise Ihres Lebenspartners in bestimmten Situationen, die Ihnen zu schaffen macht. Als Individuum sind Sie vielleicht zu inaktiv, was in Ihnen das Gefühl auslöst, immer alles nur für andere zu machen.

Sie sehen, je genauer Sie hinschauen, desto mehr erkennen Sie, welche Bereiche allesamt gut laufen. Eventuell war Ihnen das bis zu diesem Zeitpunkt noch nie so bewusst.

Sobald Sie den oder die Bereiche identifiziert haben, wo es Anlass zu Verbesserungen gibt, sind Sie auf einem sehr guten Weg. Dann können Sie sich fragen, ob der Bereich, in dem Sie sich beispielweise am Samstagnachmittag befinden, etwas mit dem Bereich zu tun hat, der noch nicht gut läuft. Falls nicht, sollte es Ihnen nun besser gelingen, sich abzugrenzen und den zufriedenstellenden Lebensbereich mehr zu genießen als bisher.

Vielleicht möchten Sie jetzt einwenden, dass manche Probleme so enorm sind, dass es einfach nicht mehr möglich ist, nicht daran zu denken. Genau dann sollten Sie aber diese Trennung vornehmen. Natürlich belasten finanzielle Schwierigkeiten theoretisch alle Bereiche. Aber in welchem Bereich wollen Sie dieses Problem lösen? Alle Gedanken zu diesem Problem gehören dann nur in diesen entsprechenden Bereich. Wem nützt es, wenn Sie ununterbrochen im Problembereich verharren? Um Lösungen für Probleme finden zu können, muss man auch loslassen können. Es gibt aber keine Technik für das Loslassen. Ich kenne nur den Weg, sich bewusst auf eine andere Sache zu konzentrieren. Wenn man versucht von etwas loszulassen, weil man sich dadurch einen Effekt erwartet, ist es kein echtes Loslassen.

Echtes Loslassen erfordert eine ehrliche Anteilnahme an einem anderen Bereich, ohne Hintergedanken an den Problembereich. Dadurch verhindern Sie auch, dass die zufriedenstellenden Bereiche negativ belastet werden.

Ich möchte diese Bereichs-Trennung aber nicht als den einzig wirksamen Weg darstellen. Vielleicht ist das bei Ihnen gar nicht erforderlich. Eventuell wissen Sie bereits ganz genau, was es in Ihrem Leben gibt, das Sie gerne anders machen oder anders haben möchten. Wenn es nicht die Klarheit war, die Sie bisher gehindert hat, war es vielleicht die Entschlossenheit, der Mut, die Zuversicht, das Vertrauen, die Risikofreude, das hohe Sicherheitsbedürfnis oder was auch immer, das Sie von einer Veränderung abgehalten hat.
Es kann auch sein, dass Sie zuerst die Bereichs-Trennung vornehmen, dadurch Klarheit erlangen, um danach mit einer dieser anderen Hürden konfrontiert zu sein.

Aber ganz gleich, ob es nun die fehlende Klarheit oder eine andere Hürde ist, am Ende trifft sich alles an diesem Punkt: Ich muss ins Tun kommen.

> *Ich weiß nicht, ob es besser wird, wenn es anders wird. Ich weiß nur, dass es anders werden muss, wenn es besser werden soll.*"
>
> (Georg Christoph Lichtenberg)

Tun muss nicht zwangsläufig bedeuten, im Außen etwas zu verändern. Es kann auch bedeuten, bei sich selbst etwas zu verändern. Zum Beispiel eine bestimmte Einstellung in Bezug zu manchen Personen oder Umständen. Oder die Veränderung eines Gefühls in gewissen Situationen. Speziell wenn es um Gedanken und Gefühle geht, ist ein hohes Maß an Konzentration über eine gewisse Dauer notwendig, um tatsächlich eine erwünschte Veränderung bei sich zu erreichen. Wer im beruflichen Bereich aufgrund einer Unzufriedenheit ins Tun kommen möchte, muss nicht eine Kündigung oder den Wechsel in eine Selbstständigkeit als einzig mögliche Optionen betrachten. Viele Angestellte haben in ihrer Tätigkeit irgendwann mal Sinnerfüllung, Selbstverwirklichung und Anerkennung erfahren. Wenn das abhandengekommen ist, kann die Ursache sehr oft auch bei einem selbst liegen. Auch hier gibt es Methoden und Übungen, diese Gefühle wieder bewusst zu machen und in den Arbeitsalltag zu integrieren. In diesem Buch werde ich noch näher darauf eingehen. In einem solchen Fall würde eine Veränderung im Außen wahrscheinlich nicht dauerhaft sinnvoll sein. Bei sich selbst ansetzen anstatt voreilig bei den äußeren Umständen, kann die bessere Variante sein.

Das Gleiche gilt übrigens auch bei Mobbing. In einigen Coachingfällen habe ich selbst die Erfahrung mit Klienten gemacht, dass die Auseinandersetzung mit sich selbst einen nachhaltigeren Erfolg bringt als die Veränderung des Umfelds. Manchmal kann natürlich auch beides notwendig sein, aber nur die Veränderung des Umfelds wird nach einiger Zeit wieder zur selben Problemsituation führen.

Im beruflichen Bereich ins Tun zu kommen, kann aber natürlich auch eine Veränderung im Außen zur Folge haben. Der Wechsel in eine völlig neue Branche, das Gründen eines Unternehmens, das Annehmen eines Angebots für eine höhere Position sind Beispiele für mögliche Veränderungen. Vielleicht brennt auch in Ihnen der Wunsch nach einer solchen Veränderung. Vielleicht waren Sie sich aber noch nicht ganz im Klaren, wohin es gehen sollte. Vielleicht wissen Sie es aber bereits ganz genau, hatten aber noch nicht die Entschlossenheit und Entscheidungsfreude, es zu tun. Auch in diesen Fällen werden Sie in diesem Buch fündig werden und Unterstützung bekommen.

Was für den beruflichen Bereich gilt, gilt natürlich auch für andere Themen. Wo wollen Sie etwas tun in Ihrer Partnerschaft, in Beziehungen zu

Freunden, in Ihrer Freizeit? Manchmal fehlt es an Klarheit, manchmal an Mut, es durchzuziehen.

Vergleichen Sie Ihr Leben mit der Arbeit eines Architekten: Ein erfolgreicher Architekt plant und betreut mehrere Projekte gleichzeitig. Manche Baustellen kommen planmäßig voran, bei anderen gibt es Verzögerungen. Hin und wieder muss auch mal eine Baustelle aufgegeben werden, damit andere fertiggestellt werden können. Auch wir als Menschen sind Architekten unseres Lebens und betreuen verschiedene Baustellen: unsere Karriere im Job, das Privatleben, die Finanzen, unsere sozialen Kontakte und natürlich die Gesundheit. Manche Baustellen laufen wie am Schnürchen, andere sind ins Stocken geraten. Manche sind bereits vollendet, für manche gibt es zwar eine Baugrube, aber noch keinen Bauplan. So wie ein Architekt sollten auch wir zwischendurch eine Ist-Analyse durchführen, um zu sehen, wo wir im Leben stehen. Vielleicht erkennt man dabei, dass viele Projekte angepackt wurden, aber nicht sauber geplant wurde und schon gar nicht miteinander koordiniert. Dann sollten Prioritäten gesetzt und eine Reihenfolge festgelegt werden. Welche Baustelle benötigt nun die größte Aufmerksamkeit? Wo muss nachgeholfen werden, damit sie planmäßig fertiggestellt werden kann? Wie sollte der Bau am Ende aussehen, damit man am stolzesten ist? Gibt es vielleicht eine Schlüssel-Baustelle, deren Fertigstellung sich positiv auf die anderen auswirken kann? Eine solche Bestandsaufnahme schafft Klarheit, auf welchen Bereich nun sein Engagement gerichtet werden soll. Aber so wie auch der Beton einige Wochen zum Trocknen braucht, sollten auch wir unseren Projekten die nötige Zeit geben. Denn auch ein Wolkenkratzer wächst nur langsam, Stockwerk für Stockwerk. Aber mit ein bisschen Geduld ist dann der Griff zu den Sternen nicht mehr so weit.

Diese Metapher hilft Ihnen vielleicht zusätzlich zur Aufteilung in Ihre drei Lebensbereiche, eine Übersicht über Ihr Leben, Ihre Wünsche und Bedürfnisse zu erhalten.

Je genauer Sie über Ihre Baustellen nachdenken, desto schneller werden Sie Klarheit über Verbesserungsmöglichkeiten erlangen. Es bringt Ihnen nichts, wenn Sie verallgemeinern und beispielsweise sagen, die Beziehung klappt nicht oder bei mir in der Firma ist es absolut unerträglich. Fragen Sie sich, was genau ist es, womit Sie unzufrieden sind? Wie würde es mir gehen, wenn diese oder jene Situation anders wäre? Wie werden Sie voraussichtlich in einem Jahr über dieses Problem denken?

Durch diese Fragestellungen bekommen Sie die Chance, die Bedeutung Ihres Problems einer kritischen Begutachtung zu unterziehen.

In diesem Buch möchte ich Sie ganz bestimmt nicht davon abhalten, mutige Entscheidungen zu treffen, aber ich möchte auch nicht blind zum Handeln aufrufen, ohne sich intensiv mit seinen Veränderungswünschen auseinanderzusetzen. Wir neigen oft dazu, Problemen voreilig eine zu große Bedeutung zu geben oder auch falsche Ursachen zu identifizieren. Davor möchte ich Sie mit diesen Fragestellungen bewahren und gleichzeitig dazu einladen, sich selbst davor zu bewahren.

Verantwortlich bin ich

Ich wünsche Ihnen, dass nach diesen Überlegungen immer noch etwas übrigbleibt, das Ihnen wichtig genug ist, um weiterzulesen. Etwas, das Sie in sich spüren und wissen, dass es Zeit für einen Versuch ist, Zeit etwas zu wagen, Zeit für eine Handlung ist und ich Sie noch weiter begleiten darf, sich noch mehr darauf einzulassen.

Voraussetzung ist, dass Sie für diese Sache ausschließlich sich selbst als diejenige Person betrachten, die für den Erfolg oder Misserfolg einer geplanten Verbesserung verantwortlich ist. Diese Eigenverantwortlichkeit hat den Nachteil, dass man niemandem mehr die Schuld für schlechte Gefühle oder Umstände geben kann. Sie hat aber auch den Vorteil, dass man ununterbrochen in der Lage ist, etwas zu tun und immer wieder sein Glück, seine Lebensqualität und seinen Wohlstand selbst in die Hand zu nehmen. Deshalb ist es auch wichtig, dass das, was sie verändern wollen, auch eigenverantwortlich machbar ist. Wenn sich der Chef oder der Partner anders verhalten soll, liegt das nicht in Ihrer Eigenverantwortung. Wie Sie damit umgehen, schon eher. Oder wenn Sie beispielsweise mehr Kunden für Ihr Geschäft haben möchten, dann können Sie alleine das nicht bestimmen. Solange es eine andere Person gibt, die Nein sagen kann, ist es nicht eigenverantwortlich. Die konsequente Umsetzung einer bestimmten Strategie, die zu mehr Kunden führen soll, allerdings schon. Durch Ihre Eigenverantwortlichkeit verabschieden Sie sich auch von leeren Phrasen wie „Es muss sich ändern". Diese Aussage hört man immer wieder und ich behaupte, viele von uns haben die Gewohnheit, sie reflexartig in Problemsituationen zu sagen oder zu denken. „Es" kann sich aber nicht einfach ändern. Dieses Es ist nichts Greifbares, nichts Lebendiges, sondern nur die oberflächliche Beschreibung bestimmter Gegebenheiten, die für sich genommen keinen Grund haben sich zu ändern. Sobald Sie sich von dieser Formulierung verabschieden und die Verantwortung übernehmen, werden Sie sagen „Ich muss es ändern!". Diese Formulierung nimmt einen selbst in die Pflicht, sich aktiv an dieser Veränderung zu beteiligen. Vielleicht klingt diese Formulierung aber noch zu fordernd und womöglich zu druckvoll. Dann versuchen Sie es mit „Ich kann es ändern!". Sobald Sie Ihre Eigenverantwortlichkeit anerkennen, haben Sie damit auch Recht! Ich denke, der Vorteil der Eigenverantwortlichkeit wird jetzt noch deutlicher. Man kann plötzlich mehr und ist weniger ausgeliefert.

Hier nochmal die drei Aussagen untereinander. Denken Sie vorher bitte an etwas, das sich in Ihrem Leben ändern soll.

Es muss sich ändern!
Ich muss es ändern!
Ich kann es ändern!

Wie geht es Ihnen während dem Durchlesen dieser drei einfachen Sätze, spüren Sie den Unterschied? Obwohl ich diese Fragen nun schon seit einigen Jahren erfolgreich in meine Verbesserungswünsche integriere, macht sich immer noch augenblicklich eine Art von Aufbruchsstimmung in mir breit und ich fühle mich dabei richtig mächtig. Diese Eigenverantwortlichkeit kann sich manchmal aber auch sehr fordernd anfühlen und unbequem sein. Aber das positive Gefühl dadurch, seine Lebensqualität selbst zu bestimmen, überwiegt bei Weitem. Vielleicht macht sich anfänglich noch Widerstand breit. Je mehr Sie aber tun, je mehr Sie versuchen und ausprobieren, die Dinge selbst und ohne zu zögern in die Hand zu nehmen, desto größer wird auch die Freude an dieser Eigenverantwortlichkeit. Viele Menschen wollen sich derselben aber entziehen und alles und jeden für ihr Wohlergehen verantwortlich machen, nur nicht sich selbst. Egal, zu welchem Typ Mensch Sie sich bisher selbst zählen würden, entscheiden Sie sich bitte in Zukunft für die Eigenverantwortlichkeit. Das ist nicht immer der leichteste Weg, aber der Weg mit den meisten Möglichkeiten. Wenn Sie die Verantwortung nicht übernehmen, haben Sie auch immer wieder Möglichkeiten. Nämlich die, die Ihnen andere Menschen geben. Es gibt auch tatsächlich jene Menschen, denen tolle Möglichkeiten von anderen Menschen gegeben wurden, ohne dass Sie sich selbst darum bemühten. Manchmal werden diese Chancen auch genutzt. Wenn Sie aber darauf nicht warten wollen und sich dafür entscheiden, Ihr Leben selbst in die Hand zu nehmen, bringen Sie sich dadurch in die Lage, genau die Möglichkeiten zu schaffen, die Sie wollen.

Das heißt selbstverständlich nicht, dass Ihnen dadurch alles gelingt. Es bedeutet aber, immer wieder eine Chance zu bekommen.

Physiologie der Bewältigung

Leider weiß ich nicht, in welcher Situation Sie sich befinden und wo Sie etwas verändern möchten. Vielleicht werden Sie emotional sehr in Mitleidenschaft gezogen. Beispielsweise, wenn Sie vom Partner verlassen werden oder etwas anderes, sehr Bedrückendes erleben. Dann verstehe ich natürlich, wenn Sie sagen, es stimmt nicht, ich kann es nicht ändern. Dann meinen Sie wahrscheinlich die äußeren Umstände, die Sie nicht ändern können, die aber für Ihr mentales Tief verantwortlich sind. Damit haben Sie natürlich Recht! Verlassenwerden, Schicksalsschläge und Ähnliches können Sie nicht ändern. Was Sie aber können, ist die Art, wie Sie damit umgehen.

Bestimmte Ereignisse haben die Macht, uns zu verletzen und hinunterzuziehen. Die Größe der Macht ist abhängig von unserem Einverständnis, wie viel Macht dieses Ereignis bekommt. Dass schwere Ereignisse gar keine Macht von uns bekommen können, kann ich mir persönlich nicht vorstellen. Ich kenne auch niemanden, der das kann. Selbst die gleichgültigsten Menschen können sich gegen bestimmte Einflüsse nicht wehren. Davon abgesehen soll es ja nicht unser Ziel sein, zu gefühlsarmen und gleichgültigen Menschen zu werden. Jeder darf und soll traurig sein, wenn es den Umständen entsprechend passiert. Die Frage ist nur, wann übernehme ich selbst wieder die Kontrolle über meine Gefühle und folglich auch über meine gesamte Lebensqualität? Die Frage ist auch, für wie lange borgen wir anderen Menschen, die uns möglicherweise verletzt haben, die Kontrolle unserer Gefühle?

Wie geht das also, bei Verletzungen aller Art wieder Macht über seine Gefühle zu erlangen? Es gibt verschiedene Methoden, näher möchte ich in diesem Kapitel auf den physiologischen Einfluss auf unseren mentalen Zustand eingehen. Diese Methode unterstützt Sie unmittelbar innerhalb von Sekunden. Eine weitere Methode ist das sogenannte Reframing. Hierfür ist mehr Geduld nötig und darauf werde ich erst im Kapitel „Miss Erfolg" genauer eingehen.

Nun aber zur Physiologie. Vielleicht haben Sie es schon mal wo gelesen, gehört oder ganz sicher schon öfters gespürt: Bei Veränderung des mentalen Zustandes, zum Beispiel bei Traurigkeit, verändert sich in weiterer Folge auch Ihre Physiologie, also Ihre Körperhaltung, Ihre Atmung, Ihr Gesichtsausdruck. Das kann so weit gehen, dass sich der gesamte Muskeltonus verändert, Sie Gliederschmerzen bekommen, sich zusammenziehen und starr werden. So wie jede körperliche Reaktion, finden auch diese Symptome im Gehirn ihren Ausgang. Gefühle werden im limbischen System produziert. Äußere Einflüsse werden dort mit gesammelten Erfahrungen abgeglichen und dann die vermeintlich bestmögliche Reaktion in Gang gesetzt. Durch Impulse im Gehirn werden die bestimmten Informationen an die entsprechenden Muskelgruppen gesendet, wodurch eben diese Reaktionen in der Physiologie entstehen. Dass es oft nur die vermeintlich bestmögliche Reaktion ist, liegt daran, dass die Entwicklung dieser Reaktionen nicht mit der gesellschaftlichen Entwicklung mitkommt. Ein prominentes Beispiel ist der Totstellreflex, der uns als Schrecksekunde bekannt ist. Früher hat dieser Reflex das Überleben gesichert, indem beispielsweise das Raubtier dann doch von uns abgelassen hat, wenn wir uns tot stellten. Heute gefährdet der gleiche Reflex unser Leben, wenn beispielsweise ein Auto schnell um die Ecke kommt. Denn diese Gefahr wird nicht mehr von uns ablassen, wenn wir uns tot stellen.

Aber um bei unserem Beispiel zu bleiben: Körperliche Symptome bei Traurigkeit und seelischem Schmerz hatten und haben den Nutzen für uns, dass wir uns zurückziehen, uns durch eine eingerollte Körperhaltung instinktiv schützen wollen und durch diese Niedergeschlagenheit auch Energie sparen. Vielleicht deshalb auch die Appetitlosigkeit, denn der Verdauungsvorgang ist einer der größten Energieverbraucher überhaupt. Als Höhlenmenschen waren derartige Reaktionen nachvollziehbarer als heute. Denn heute wissen wir, dass wir durch Aktivität, Anteilnahme am Leben und Lebensfreude besser Krisen und Probleme überwinden können. Natürlich braucht es auch heute noch die Phase der Zurückgezogenheit. Aber heute haben wir mehr Möglichkeiten, möglichst schnell wieder aus dieser Phase herauszukommen und unsere Lebensqualität zurückzugewinnen. Leben statt überleben ist vielleicht eine treffende Bezeichnung zur Entwicklung menschlicher Bedürfnisse.

Wenn das also das Ziel ist und Sie nicht lange diesen Reaktionen ausgeliefert sein wollen, weil Sie schneller Ihre Lebensqualität zurückzugewinnen beabsichtigen, dann müssen Sie diesen Vorgang unterbrechen. Wie wir bereits erfahren haben, beeinflusst unsere mentale Verfassung unseren körperlichen Zustand, also unsere Physiologie. Was in die eine Richtung geht, geht auch in die Andere. Sie müssen nicht warten, bis es Ihnen mental besser geht, damit sich auch Ihre Atmung, Ihr Gesichtsausdruck, Ihre Körperhaltung und überhaupt der gesamte Energiefluss wieder verbessert. Sie können es auch andersrum machen: Wenn Sie Ihre Physiologie aktiv und mit großer Willenskraft verändern, wird sich dadurch auch Ihre mentale Verfassung verändern.

Richtig gelesen: Wenn Sie Ihre Physiologie verändern, verändern Sie dadurch Ihren mentalen Zustand. Durch die Wechselwirkung setzen Sie eine Aufwärtsspirale in Gang: positive und starke Köperhaltung – positiver mentaler Zustand – dadurch noch bessere Physiologie und so weiter …

Wenn Sie also traurig oder deprimiert und niedergeschlagen sind, beobachten Sie Ihre körperlichen Reaktionen. Wenn es Ihnen hilft, schreiben Sie mit. Wie sitzt der Kopf auf Ihren Schultern? Wo sind Ihre Schultern und Ihre Brust? Wie sind Ihre Augenlieder positioniert und wo blicken Sie hin? Wie steht es um Ihre Mundwinkel? Ihre Beine, Ihre Füße, wie stehen oder sitzen Sie da? Wie ist Ihre Atmung? In welchem Tempo und mit welcher Kraft sprechen Sie?

Das sind einige Beispiele, an denen man körperliche Reaktionen sehr leicht feststellen kann. Wenn Sie sich selbst beobachten und vielleicht mitschreiben, kommen Sie der Lösung schon sehr nahe, wie Sie die Kontrolle Ihrer Emotionen zurückgewinnen können. Wahrscheinlich haben Sie es schon erkannt, dass Sie diese körperlichen Reaktionen ins Gegenteil umkehren müssen, damit Sie Ihren mentalen Zustand wieder verbessern können. Eine starke, aufrechte Körperhaltung, ein stabiler Stand, die Konzentration auf eine kraftvolle Stimme, ein Blick geradeaus nach vorne, den Kopf leicht angehoben, Brust raus, ruhige und tiefe Atmung, Mundwinkel nach oben, dann zwingen Sie Ihren mentalen Zustand sogar, dass er sich binnen Sekunden verbessert.

Diese Veränderung der Physiologe schickt die Nachricht an Ihr Gehirn, dass sie stark sind, dass Sie es schaffen, dass Sie wieder optimistisch sind und der gegenwärtigen Situation gewachsen sind. Durch diese Information werden augenblicklich Hormone ausgeschüttet, die dann die entsprechenden Gefühle auch spürbar machen. Das heißt die Überwindung, sich in diese Physiologie zu versetzen, ist nur kurz anstrengend. Im nächsten Moment wird sie bereits durch die Hilfe Ihrer Gehirnfunktionen unterstützt. Es geht also um den entscheidenden ersten Schritt, trotz aller Widrigkeiten aufzustehen und Ihre Physiologie zu ändern. Da Sie nun über die Folgewirkung eines solchen Schrittes informiert sind, fällt es Ihnen vielleicht leichter, es bei Bedarf zu tun, als wenn Sie sich davon nichts erwarten würden.

Aber es geht noch weiter. Es werden nicht nur Hormone ausgeschüttet, die entsprechende Gefühle spürbar machen, sondern aus Ihrem Gedächtnis entspringen plötzlich Erinnerungen, wann Sie schon mal in einer ähnlichen Lage waren, wie Sie damals wieder herausgekommen sind, durch welche Strategien Sie das bewältigt haben. Es fallen Ihnen auch Gründe ein, warum Sie es auch dieses Mal schaffen, warum es ab jetzt wieder aufwärts geht und so weiter. Mit anderen Worten: Sie werden wieder optimistisch und Ihr Bewältigungsglaube steigt!

Ich wünsche Ihnen nicht, dass Sie derzeit in einer Situation sind, in der Sie Ihren mentalen Zustand durch diese Methode verbessern möchten. Gerne lade ich Sie aber zu einem Experiment ein, das diese Methode auf humorvolle Weise nachprüfbar macht. Vielleicht passt es jetzt gerade oder Sie versuchen es beim nächsten Verkehrsstau oder bei einer anderen Gelegenheit, in der Ihnen normalerweise nicht zum Lachen zumute ist. Parkplatz suchen eignet sich erfahrungsgemäß auch sehr gut. Wenn Ihnen also nicht zum Lachen zumute ist und Sie diesen mentalen Zustand durch die Veränderung Ihrer Physiologie verbessern wollen, was könnte man dann physiologisch tun? Richtig! Grinsen, grinsen, grinsen! Grinsen Sie was das Zeug hält. Pressen Sie Ihre Mundwinkel nach oben. Egal, ob es was zum Lachen gibt, tun Sie es einfach. Grinsen Sie. Halten Sie zwei Minuten durch. Was passiert jetzt? Ihre Lachmuskeln senden Ihrem Gehirn die Nachricht, dass alles bestens ist, dass es sogar lustig ist. Auch hier geht es weiter: Plötzlich wird aus einem gekünsteltem Lachen ein echtes Lachen. Ihnen fallen sogar Dinge ein, die kürzlich sehr lustig waren, wo Sie herzhaft lachen mussten. Deshalb müssen Sie auch jetzt wieder lachen …

Ich bin mir sicher, dass Sie bereits jetzt während dem Lesen lachen müssen. Hab ich Recht? Also mir geht's während dem Schreiben gerade genauso.

Aber ich möchte Sie vorwarnen: Diese Übung kann zu unerwünschten Lachkrämpfen führen und Ihr Umfeld wird Sie für verrückt erklären. Ist mir im Auto schön öfters so gegangen und habe dann verwunderte Blicke der Autofahrer neben mir geerntet.

Aber Vorsicht: Mit der Veränderung der Physiologie alleine kann man natürlich noch keine Krisen überwinden. Aber man kann sich selbst immer wieder einen Impuls geben, nach vorne zu schauen und sich auf die Überwindung der Krise vorbereiten. Statt sich gehen zu lassen und zu warten, bis es vorbei ist, können Sie damit aktiv in das Geschehen eingreifen und nicht zulassen, den äußeren Umständen ausgeliefert zu sein. Äußere Umstände beeinflussen uns, keine Frage, und wir entscheiden aber, in welcher Intensität wir dagegenhalten.

An diesem Punkt kommen wir wieder zur Eigenverantwortlichkeit. Die Entscheidung, wie lange wir in einer emotionalen Problemsituation verharren wollen und können, treffen wir selbst. Wann wir uns für einen anderen Umgang mit dieser Situation entscheiden, liegt also in unserer Verantwortung.

Die Kraft unserer Physiologie kann natürlich auch bei alltäglicheren Bedürfnissen angewendet werden. Viele Menschen klagen über Lustlosigkeit, Müdigkeit und Faulheit. Einen solchen Zustand in Lust, Power und Tatendrang umzukehren gelingt am schnellsten, wenn Sie einfach so tun, als ob Sie jetzt in diesem Moment über diese Gefühle verfügen würden.

Wenn Sie nun beginnen, so zu tun, als ob sie glücklich, lustvoll und voller Tatendrang wären, was geschieht dann? Sie verändern Ihre Gedanken und auch Ihre Bewegungen. Die Verwandlung Ihres mentalen Zustandes ist die sofortige Wirkung.

Wenn Sie über Ihre Lebensbereiche nachdenken, dadurch Klarheit bekommen, sehen, wo es Veränderungswünsche gibt, dafür auch die Verantwortung übernehmen, dann nähern Sie sich unweigerlich einer bestimmten Frage: Soll ich es tun oder nicht?

Inner Game
– im Kopf zuerst gewinnen

Manchmal werden Sie sich Ja denken, manchmal Nein. Manchmal scheint die Entscheidung ganz klar zu sein, manchmal sehr verschwommen. Sobald Sie sich zu einer bestimmten Entscheidung hingezogen fühlen, spüren Sie plötzlich einen inneren Widerstand. Aber auch wenn Sie sich dann anders entscheiden, kommt dieser Widerstand auch wieder, nur eben dann von der anderen Seite. Es kann passieren, dass in Ihnen ein regelrechter Kampf zu toben beginnt. Ein Kampf zwischen zwei Parteien, die kluge Argumente vorbringen und Sie überzeugen wollen. Es ist wie ein Wahlkampf, der allerdings durch eine einzige Wählerstimme entschieden wird: durch Ihre! Nur Sie sind der umworbene Wähler in diesem Fall und in Ihnen findet der Wahlkampf für die zukünftige Regierung Ihres weiteren Lebensweges statt. Die etablierten Parteien sind jene, die auch bisher von Ihnen am häufigsten Ihre Stimme bekommen haben. Aber es gibt auch die Opposition, die vieles in Frage stellt, manches aufdeckt, andere Vorschläge hat und Ihr Interesse weckt.
Dieser Vergleich steht für unsere unterschiedlichen Persönlichkeitsanteile. Jeder Anteil hat Sitz und Stimme und ist somit berechtigt, seine

Meinung einzubringen. Unsere unterschiedlichen Persönlichkeitsanteile machen sich durch unsere individuellen Eigenschaften, Gewohnheiten und Charakterzüge im Alltag bemerkbar. Daran erkennt man, welche Anteile in uns die größte Macht haben. Die meisten Menschen sind sich nicht bewusst, dass unsere Persönlichkeitsanteile die Aufgabe haben, für uns zu arbeiten, sondern sehen sich diesen Anteilen ausgeliefert. Somit werden unsere Entscheidungen zum Resultat dessen, was in unserem Anteilsparlament ausgehandelt wird, und zwar hinter dem Rücken des Wählers, nämlich Ihnen. Eine Veränderung ist dadurch kaum möglich, da immer jene Anteile als Sieger aus jeder Verhandlung hervorgehen, die sich auch bisher am besten durchsetzen konnten.

Veränderungen können erst dann entstehen, wenn Sie als Wähler wieder aktiv in das Geschehen eingreifen und Ihre Stimme ganz bewusst einem bestimmten Anteil geben. Nämlich einem Anteil, der Sie in Ihren Entscheidungen für Verbesserungen unterstützt.

Um eine bessere Vorstellung von unserem inneren Teileparlament zu bekommen, schauen wir uns einige unserer Anteile an. Vielleicht kommen Ihnen welche bekannt vor.

Ich beginne mit einem sehr prominenten Anteil, den wir, glaube ich, alle kennen: dem inneren Schweinehund.

Ich möchte ihn an dieser Stelle sofort umtaufen in inneres Haustier. Erstens habe ich ein riesen Herz für (fast) alle Tiere und zweitens hat dieser Anteil wahrlich einen schöneren Namen verdient. Wir werden dann auch erfahren, warum.

Dann gibt es in Ihnen vielleicht auch den Sportbegeisterten. Etwa nicht? Dann vielleicht den Genussanteil, der gerne mit gutem Essen und Wein am Tisch sitzt und genießt? Eventuell auch beide. Wie sieht es mit dem Ungeduldigen aus? Gibt es auch den Ordnungsliebenden oder ist es bei Ihnen der Unordentliche, den Sie besser kennen?

Wahrscheinlich kennen Sie auch den Vorsichtigen und den Mutigen (zumindest von früher).

Dann gibt es auch den Entscheidungsfreudigen, den Zögerer, den Optimisten, den Zweifler, den Aktiven, den Bequemling, den Erfolgsorientierten, den Nachdenker, den Macher.

Einige kennen Sie sehr gut, einige nur vom Hörensagen. Das sind Beispiele von den unterschiedlichen Persönlichkeitsanteilen, die in jedem von uns wirken. Auch in den verschiedenen Lebensrollen spüren wir, dass unterschiedliche Anteile in uns am Wirken sind. In der Rolle als Sohn oder Tochter werden Sie mit Ihren Eltern anders sprechen als in der Rolle als Mutter oder Vater mit Ihrem Kind. Als Partner sprechen Sie anders wie als Kumpel. Mit Kunden anders als mit Mitarbeitern. Ob das gut ist oder nicht, sei mal dahingestellt. Ich möchte mit diesen Beispielen nur erreichen, dass Sie ein Verständnis Ihrer unterschiedlichen Persönlichkeitsanteile erlangen.

Unsere inneren Persönlichkeitsanteile beeinflussen unsere Handlungen. Werden Sie zur Führungskraft Ihres inneren Teams!

Nun habe ich vorher schon erwähnt, dass alle Anteile die Aufgabe haben, für uns zu arbeiten. Jetzt könnten Sie einwerfen, was das innere Haustier (Sie wissen wen ich meine), der Zweifler und der Zögerer denn für uns tun können, die arbeiten doch gegen uns? Nein! Jeder unserer Anteile hat ein positives Motiv und in vielen Situationen auch einen Nutzen für uns. Unser inneres Haustier hat nicht den Plan, dass es uns vom abendlichen Lauf nach der Arbeit abhält, damit wir nichts für unser

Wohlbefinden tun. Stellen Sie sich bitte eine Situation vor, in der Sie sich nicht zum Sport nach der Arbeit überwinden konnten. Welche Gedanken kreisen in Ihrem Kopf? Wahrscheinlich nicht die, dass Sie Ihre Gesundheit vernachlässigen sollten, sondern dass es draußen kalt ist, dass Sie sich schonen sollten, dass Sie sich verkühlen könnten, dass Sie heute einen bequemen Abend verdient haben usw. Merken Sie den Unterschied? Das Motiv des inneren Haustieres ist positiv, es will, dass es Ihnen gut geht. Darum nenne ich diesen Anteil auch Haustier, da er mich an einen Wachhund für mein unmittelbares Wohlbefinden erinnert. Stellen wir uns vor, wir hätten diesen Bewacher nicht. Manche würden sich ausbrennen, Gesundheitsrisiken ignorieren, nie zur Ruhe kommen, nie genießen, nie entspannen. Seien wir also froh, dass wir diesen Anteil haben.

Was sich natürlich bei manchen eingeschlichen hat, ist der Umstand, dass mit der Zeit dieser Anteil die Kontrolle in bestimmten Situationen komplett übernommen hat. Wie man die Kontrolle zurückgewinnt und seine Anteile für sich arbeiten lässt, dazu später.

Sehen wir uns zuvor noch den Zweifler an. Welchen Nutzen hat bitteschön der Zweifler, fragen Sie sich jetzt vielleicht. Ich stimme Ihnen zu, in vielen Situationen schadet er uns. Zum Beispiel, wenn Sie jahrelang eine Idee im Kopf haben und Sie sich diese Idee einfach nicht umsetzen trauen, weil Sie am Erfolg zweifeln. Oder wenn Sie sich gerne um eine andere Position im Unternehmen bewerben möchten, aber an Ihren Chancen zweifeln. Oder wenn Sie sich gerne am Abend nochmal weiterbilden möchten, aber an Ihrem Durchhaltevermögen zweifeln. Oder wenn Sie unbedingt mal einen Marathon laufen möchten, aber an Ihrer körperlichen Fähigkeit zweifeln. Oder, oder, oder. Diese Liste könnte ich anhand eigener Beispiele endlos fortsetzen und Sie könnten sie auch bestimmt ergänzen. Bei all diesen Beispielen ist unser Zweifler meistens ein Hindernis. Aber ich möchte ihn an dieser Stelle verteidigen, denn ich habe ja gesagt, dass ausnahmslos jeder Anteil einen Nutzen für uns erreichen will. Angenommen Sie eilen gerade zu einem wichtigen Termin, der sehr vielversprechend für Sie ist. Sie sind im Auto unterwegs, blicken entsetzt auf die Uhr, weil Sie feststellen, dass Sie zu spät kommen könnten. Dieser Termin ist für Sie aber absolut wichtig und der erfolgsorientierte Anteil in Ihnen sagt:" Gib Gas, das schaffen wir!". Sie geben Gas und fahren etwas schneller als erlaubt. Sie nähern sich einem Lkw, der deutlich langsamer fährt und Sie entscheiden zu überholen. Sie blicken in den Rückspiegel, setzen den Blinker und fahren auf die linke Spur. Sie sehen aber nicht wirklich weit, da weiter vorne eine Rechtskurve beginnt. Sie beschleunigen ein bisschen, bis Sie merken, dass die Rechtskurve vorne noch enger wird und Sie deshalb überhaupt nicht mehr abschätzen können, ob ein Gegenverkehr kommt. Plötzlich meldet sich der Zweifler und sagt:" Das ist zu gefährlich, riskiere es nicht!". Sie hören auf ihn und reihen sich wieder hinter dem Lkw ein und überholen erst weiter vorne bei einer besseren Gelegenheit.

Unabhängig davon, ob ein Gegenverkehr gekommen wäre oder nicht, hat der Zweifler Ihnen geholfen? Ich würde sagen Ja. Entweder hat er Ihr Leben gerettet oder Sie zumindest von einem unnötigen Risiko abgehalten. Eventuell hätte sich nachher noch der Problemlöser-Anteil gemeldet, der Sie zum Telefon greifen lässt, um beim Termin Bescheid zu sagen, dass Sie sich ein paar Minuten verspäten.

Da der Zweifler sehr oft in lebensrettenden Situationen in uns der maßgebliche Anteil ist, hat er eine sehr starke und wichtige Position eingenommen. Wahrscheinlich gelingt es ihm deshalb so leicht, in allen anderen Risiken auch sehr schnell die Kontrolle zu übernehmen. Er unterscheidet dabei nicht, wie groß dieses Risiko wirklich ist, und ob diese Sache uns weiterbringen und erfolgreicher machen könnte. Das ist nicht seine Aufgabe. Er sieht ein Risiko und sein Job ist es, uns davon abzuhalten. Seine Aufgabe ist nicht, uns erfolgreich zu machen. Das ist beispielsweise der erfolgsorientierte Anteil in uns. Bei Sportlern vielleicht der Sieger-Anteil, bei Beziehungsthemen vielleicht der nachgiebige Anteil. Wenn Sie also überlegen, soll ich das machen oder nicht, dann beginnt in Ihnen eine Diskussion zwischen dem Zweifler und einem der genannten Anteile, der für Ihren Erfolg zuständig ist. Der Zweifler hat es dann leichter, da er unbewusst auf seine Lebensretter-Referenzen verwiesen wird. Die erfolgsfördernden Anteile haben weniger Referenzen, dadurch setzt sich dann sehr oft der Zweifler durch. Das macht sich dann meistens mit existenziellen Argumenten bemerkbar. Sie denken sich dann vielleicht: „Wenn das schief geht, ruiniere ich mich und meine Familie." Oder: „Wenn ich diese Weiterbildung besuche, fehlt das Geld und die Zeit dann bei anderen Sachen, wer weiß wo das hinführen kann." Oder: „Wenn ich mich zum Marathon anmelde, muss ich viel trainieren, ich kann mich verletzen und falle in der Firma aus. Das kann ich mir nicht erlauben."

Das heißt, wir haben schnell die Tendenz, jedes Risiko auf Existenzgefährdung auszudehnen. Denn das sind unbewusst die Argumente und Referenzen des Zweiflers. Er hat schon oft unser Leben gerettet, also rettet er es auch in diesem Fall.

Die erfolgsfördernden Anteile sind dann im Nachteil, weil sie auf weniger Erreichtes in der Vergangenheit verweisen können. Ihre Argumente beziehen sich fast nur auf Chancen und Möglichkeiten in der Zukunft. Diese Anteile brauchen in solchen Situationen unsere Hilfe. Sie brauchen unsere Wählerstimme. Sie brauchen unsere Entscheidung, dass wir trotz weniger Referenzen, aber angesichts der Chancen in der Zukunft, uns für den risikoreicheren Weg entscheiden. Die Wählerstimme vergeben wir in diesem Fall aber nicht mit einem Kreuzerl auf der Wahlkarte, sondern durch unsere bewusste Aufmerksamkeit und Konzentration. Wie wir wissen, gibt es in unserem Brustkorb natürlich kein Parlament und keine Figuren, die dort als Persönlichkeitsanteile diskutieren. Diese Anteile bzw. Eigenschaften wurden von uns selbst in den tiefen Schichten unserer Psyche erschaffen. Wahrscheinlich alle durch Nachahmung von Erwachsenen in frühester Kindheit und auch später noch durch Erfahrungen anderer, die in uns bestimmte Prozesse in Gang setzen. Diese Persönlichkeitsanteile gehören zu uns und können nie auf Dauer unterdrückt werden. Was wir tun können, ist die Stärkung bestimmter Anteile in bestimmten Situationen, um dadurch mehr Mut, mehr Entschlossenheit und Tatkraft für die Verbesserung unserer Lebensqualität zu erlangen. In meiner Coach- und Trainertätigkeit arbeite ich mit Techniken, die dafür bestens geeignet sind, um beispielsweise einen Kompromiss zwischen zwei konkurrierenden Anteilen beschließen zu lassen oder sie in manchen Situationen komplett auszutauschen. Eine dieser Übungen ist auch selbstständig anwendbar und dazu möchte ich Sie nun einladen:

Dazu wählen Sie eine Situation aus Ihrem Leben, in der Sie häufig Schwierigkeiten haben, sie zu bewältigen. Zum Beispiel eine unliebsame Tätigkeit, die Sie endlos hinauszögern, weil Sie keine Lust darauf haben. Es muss jetzt nichts Spektakuläres sein. Als Übung eignen sich banale Dinge sogar besser.
Sie schreiben drei Gedankensätze auf einen Zettel, die erfahrungsgemäß in dieser Situation durch Ihren Kopf gehen, z.B.: „Das mache ich später." oder „Vorher mache ich etwas anderes." oder „Dazu habe ich jetzt keine Zeit.". Was Ihnen da halt so durch den Kopf geht. Anschließend geben Sie diesem Anteil, der für diese Gedanken zuständig ist, einen Namen. Bei meinen Beispiel wäre es jetzt der Bequemling.

Nun ersetzen Sie diese Sätze mit Aussagen, die Ihnen für die konsequente Erledigung dieser Aufgabe nützlich sein würden. Ich bleibe wieder bei meinem Beispiel: „Ich erledige es jetzt gleich!", „Ich mache das zuerst, erst dann etwas anderes!", „Ich nehme mir jetzt diese Zeit!"
Da Ihre neuen Aussagen ebenfalls von Ihnen kommen, muss es also in Ihnen einen Anteil geben, der dafür zuständig ist und Interesse an einer prompten Erledigung dieser Aufgabe hat. Welchen Namen geben Sie ihm? Ich nenne ihn in meinem Beispiel den Konsequenten. Die Aussagen des Konsequenten schreibe ich auf ein kleines Kärt-

chen und trage es immer bei mir. Je nachdem, um welche Tätigkeit es sich handelt, kann ich dieses Kärtchen auch in die Küche oder auf den Schreibtisch geben. Jedenfalls dort, wo die entsprechende Aufgabe erledigt werden muss und das Kärtchen gut sichtbar bleibt.

Mit jedem Mal durchlesen, geben Sie diesem Anteil Stimme und somit Handlungskompetenz. Denken Sie wieder an Ihr inneres Parlament. Wenn ich die Erledigung dieser Aufgabe hinausschiebe, dann steht der Bequemling am Rednerpult und setzt mir seine Argumente als Gedanken in den Kopf. Konzentriere ich mich bewusst auf den Konsequenten, kommt er an das Rednerpult und wird mit seinen Argumenten meine Handlungen beeinflussen. Alleine hätte der Konsequente in dieser Situation aber keine Chance. Er braucht meine Hilfe, damit er an das Rednerpult darf. Diese Hilfe gebe ich ihm, indem ich mich auf seine Argumente konzentriere, dadurch bekommt er Stimme und wächst. Durch jeden Gedanken an einen bestimmten Anteil wächst dieser. Gedanken sind wie Nahrung für unsere Anteile. Durch die Schreibübung entsteht ein innerer Dialog mit unseren Anteilen. So kommen wir mehr und mehr in die Lage, uns selbst zu managen und führen. Wir entscheiden, wann wir mit welchem Anteil kooperieren. Sie können mit dieser Schreibübung auch den Sportler in Ihnen zu Wort kommen lassen, der sich oft nach der Arbeit gegen das innere Haustier nicht durchsetzen kann. Sie können auch den liebevollen Partner in Ihnen mit dieser Übung zu Wort kommen lassen, der am Abend immer noch vom verantwortungsvollen Mitarbeiter in Ihnen verdrängt wird und so die Atmosphäre zu Hause beeinträchtigt. Es gibt viele Beispiele, wo wir mit unseren Anteilen situationsgerechter umgehen können als bisher.

Wenn Sie mehr über Ihre Anteile erfahren möchten, empfehle ich an dieser Stelle das Buch „Miteinander Reden 3" von Prof. Dr. Friedemann Schulz Von Thun. Der Kommunikationspsychologe aus Hamburg beschreibt in diesem 330-Seiten-Werk ausführlich das Wirken und den Umgang mit unseren Persönlichkeitsanteilen.

Ein Bauch voll Wissen

Es gibt noch jemand anderen, der Sie stark in Ihren Entscheidungen beeinflusst und auf den ich in diesem Kapitel noch näher eingehen möchte.
Dieses Etwas oder dieses Wesen ist kein Mitglied in einer der Parteien in
Ihrem Parlament. Viel mehr ist es eine Art übergeordnete Institution, eine
Art graue Eminenz in Ihrem Innenleben. Sie wissen nicht genau wer oder
was das ist, obwohl Sie tagtäglich eine angeregte Kommunikation damit
führen. Aber nicht in Worten, sondern mit Gefühlen. Es gibt niemanden,
der Sie besser kennt als dieses Wesen. Ich spreche von Ihrer Intuition, besser bekannt als innere Stimme oder Bauchgefühl. Darf ich vorstellen?

Bleiben wir der Einfachheit halber bei dem Begriff Intuition. Es gibt viele
Theorien, was genau das ist und woher es kommt. Die folgende Theorie
ist vielleicht nicht richtiger als andere, aber jene, die mir am nachvoll-
ziehbarsten erscheint. Ich bin zwar kein ausschließlich rational denken-
der Mensch, aber in diesem Fall möchte ich der Wissenschaft den Vorzug
geben. Genauer gesagt der Hirnforschung. Wissenschaftler sagen zwar
selber, dass Wissenschaft immer der momentane Irrtum ist. Gleichzeitig
stellt dieser momentane Irrtum aber auch die Basis für Weiterentwicklung
dar. Somit ist es für mich in Ordnung, die derzeitige Erklärung der Intuition als richtig oder zumindest auf dem richtigen Weg zu betrachten.
Aber auch hier darf man nicht die gesamte Hirnforschung als Vertreter
einer bestimmten Theorie betrachten, da es natürlich, so wie auch in anderen Bereichen, unterschiedliche Meinungen gibt. Mit einer Theorie habe
ich mich anlässlich eines Interviews für die Karrierenachrichten der OÖN
etwas intensiver beschäftigt und darauf möchte ich hier näher eingehen.

Demnach ist Intuition ein Vorgang, der in einem Teilbereich des limbischen Systems in unserem Gehirn entsteht und anhand gespeicherter Informationen die richtige Antwort in bestimmten Situationen geben will.
Dieser Vorgang hat sich in unserer Evolution entwickelt, um uns bzw.

unseren Denkapparat zu entlasten. Viele andere Reflexe und Verhaltensweisen in unserem Alltag dienen ebenfalls dazu, dass wir möglichst energiesparend leben. Das intensive Nachdenken, das in unserer linken Gehirnhälfte geschieht, ist ein sehr anspruchsvoller Vorgang, der außerordentlich viel Energie benötigt. Obwohl das Gehirn nur zwei Prozent des Körpergewichts ausmacht, verbraucht es rund die Hälfte des täglichen Zuckerbedarfs. Bei sehr hoher Beanspruchung kann der Verbrauch sogar auf neunzig Prozent ansteigen. Das ist auch der Grund, warum nach intensiven Nachdenkphasen und Stress der Appetit auf Süßigkeiten sehr groß werden kann. Die Intuition, die in unserer rechten Gehirnhälfte entsteht, soll diesen Energieverbrauch entlasten, indem wir sehr spontan und ohne lange Überlegungen die entsprechende Antwort geliefert bekommen.

Nach dieser Theorie werden sämtliche Erfahrungen, die wir jemals machten, in einem Teilbereich des limbischen Systems gespeichert. Auf diesen unglaublichen Erfahrungsschatz wird während dieses Vorgangs zugegriffen und die bestmögliche Antwort berechnet. Man kann sich vorstellen, welche Rechenleistung hier binnen Bruchteilen von Sekunden vonstatten geht. Kein Computer dieser Welt könnte damit mithalten. Da diese Berechnung durch eine unvorstellbare Datenmenge zustandekommt, kann die Intuition die Antwort nicht durch logische Schlüsse mitteilen, da wir nicht über die nötige Denkkapazität verfügen, um uns das in Worten nachvollziehbar zu machen. Die Intuition teilt sich deshalb durch Gefühle mit. Ein Gefühl können wir sofort wahrnehmen, ohne wissen zu müssen, welche hochkomplexen Rechenvorgänge dahinterstehen. Das ist für uns eine gewaltige Entlastung. Und wie wir erfahren haben, ist Intuition nebenbei auch noch eine Hilfe für die Reduzierung von Süßigkeiten.

Ein gutes Beispiel ist die wahre Geschichte eines Feuerwehrmannes. Er befindet sich mit seinem Löschtrupp im ersten Stock eines brennenden Hauses. Der Raum ist sehr heiß und auch vom Boden herauf strahlt die Hitze immer stärker. Plötzlich ruft der Feuerwehrmann:" Raus hier, das Haus stürzt gleich ein!". Sie verlassen noch rechtzeitig das Gebäude und der Boden bricht tatsächlich ein. Der Feuerwehrmann konnte anschließend nicht erklären, warum er das vorhersagen konnte. Er hatte ein ungutes Gefühl, sagte er anschließend zu Journalisten.

In der Hirnforschung geht man bei diesem Phänomen davon aus, dass unbewusst sämtliche Erfahrungen der zwanzigjährigen Berufsausübung in Bruchteilen von Sekunden mit der gegenwärtigen Situation verglichen werden und daraus die wahrscheinlichste Entwicklung berechnet wird. Dazu zählen Gegebenheiten wie das Material des Bodens, das Gefühl, wenn man darauf steht, die Hitze im Raum, die Hitze von unten nach oben, die bisherige Zeit des Brandes und vieles mehr. Zu den Erfahrungen zählen nicht nur die eigenen Erfahrungen, sondern auch all das, was man in Kursen lernt, in Zeitungen liest und erzählt bekommt. Kurzum: jede empfangene Information, die man für wahr hält. Man kann sich vorstellen, wie viel Zeit der Feuerwehrmann brauchen würde, mit seinem Denkapparat selbst seine zwanzigjährige Berufserfahrung herzunehmen und Vergleiche anzustellen. Unmöglich! Die Intuition macht das in wenigen Augenblicken und sendet prompt das Gefühl „Nichts wie raus hier!".

Unser Wissen und unsere Gedankenaktivitäten sind mit einem Eisberg zu vergleichen. Nur ein kleiner Teil ist uns bewusst. Neunzig Prozent

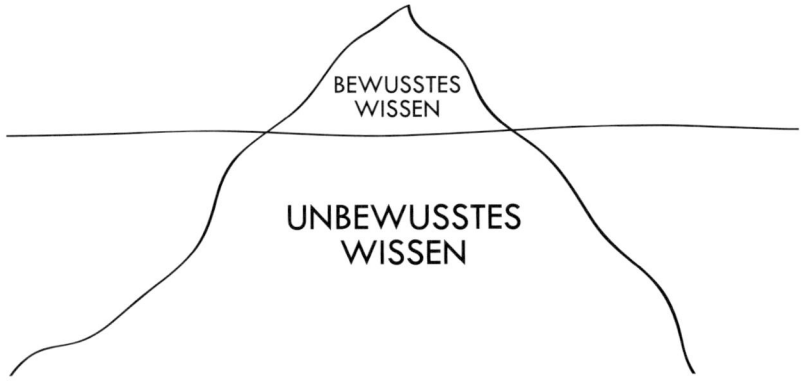

Nur einen kleinen Teil unseres Wissens nehmen wir bewusst wahr. Der Großteil wird unbewusst verarbeitet.

liegen unter Wasser. Das sind die unbewussten Prozesse des Gehirns. Intuition läuft immer, da wir immer entlastet werden sollen. Jedoch gibt es zwei Gründe, warum sie uns manchmal nicht entlastet: Entweder haben wir im entsprechenden Bereich keine Erfahrung, dann sind die Bauchgefühle einfach falsch, oder wir ignorieren sie und quälen uns mit unserem Denkapparat.

Der erste Punkt ist etwas, das bei all dem Loblied auf die Intuition leider oft nicht berücksichtigt wird. Intuition funktioniert nur dann, wenn man in diesem Bereich, der uns gerade beschäftigt, auch schon Erfahrungen gesammelt hat, auf die unsere Intuition zugreifen kann. Da zu den Erfahrungen auch Informationen von Außen zählen, haben wir viel mehr Erfahrungen, als uns bewusst ist. Das ist die gute Nachricht. Die weniger gute Nachricht ist, dass wir manche Informationen für weniger relevant halten und möglicherweise auch den Wahrheitsgehalt anzweifelten (was ja durchaus berechtigt sein kann) und dadurch die Qualität der Intuition nachlässt, da eben dann doch wieder mehr eigene Erfahrungen nötig wären.

Beispiel Führerscheinneuling: Ein junger Autofahrer ist gut beraten, wenn er sich in der ersten Zeit weniger auf sein Bauchgefühl verlässt und mehr auf das, was er im Führerscheinkurs gelernt hat. In dem Fall ist der Denkapparat, mit dem er sich an die gelernten Gefahrenquellen und Verkehrsregeln erinnert, das bessere Instrument für Entscheidungen. Angenommen er will ein Fahrzeug vor ihm überholen, das nur gering langsamer fährt als er. Den Gegenverkehr sieht er, aber dieser ist noch relativ weit weg. Er überlegt. In diesem Moment fängt die Intuition zu suchen an, findet aber noch keine eigenen Erfahrungen. Dann findet sie doch eine Erfahrung, als der Fahrer vor einigen Jahren als Beifahrer in einer sehr ähnlichen Situation dabei war. Der junge Fahrer hat in der damaligen Situation aber nicht darüber nachgedacht, wie viel PS das Fahrzeug hat, in dem er sich befindet. Dadurch weiß es jetzt die Intuition auch nicht und vermittelt das Gefühl, dass es sich ausgeht. Wenn der

Fahrer nun aber mit einem Auto mit viel weniger Leistung unterwegs ist, hat ihm sein Bauchgefühl in eine sehr ernste Lage gebracht.

Es gibt unzählige andere Beispiele, in denen wir uns nicht nur auf das Bauchgefühl verlassen sollten. Tendenziell ist das aber ohnehin nicht der Fall, da es meistens sogar umgekehrt ist. Damit komme ich jetzt zum zweiten Punkt. Zur Ignoranz des Bauchgefühls und der ausschließlichen Entscheidungskompetenz des Ratio, also des Denkapparates. In Wirklichkeit gibt es die Ausgrenzung der Intuition aber gar nicht, dazu dann gleich mehr. Menschen, die alles rational erklären und prüfen wollen, bevor sie eine Entscheidung treffen, kommen meistens zu keinem zufriedenstellenden Ergebnis. Fakten können für eine bestimmte Entscheidung sprechen und trotzdem fühlt man sich nicht gut dabei. Selten ist es auch so, dass es keine Gegenargumente für eine Entscheidung gibt. Irgendwelche Contras gibt es immer neben den Pros und dann bleibt die Ungewissheit, was nun mehr ins Gewicht fallen könnte. Natürlich treffen aber auch die rational denkenden Menschen Entscheidungen und zwar meistens jene, die auch ein gutes Gefühl vermittelt haben. Begründet werden diese Entscheidungen dann aber nicht aufgrund des Bauchgefühls, sondern durch Denkergebnisse. Ich glaube auch nicht, dass wir das absichtlich tun, weil wir die Intuition verleugnen wollen. Ich denke, dass es mittlerweile in unserer Natur liegt und es auch von uns erwartet wird, unsere Entscheidungen rational zu erklären. Wir selber hätten dieses Bedürfnis vielleicht nicht, aber wie sonst sollten wir jemand Außenstehenden eine Entscheidung nachvollziehbar erklären? Es müsste schon ein sehr großes Vertrauensverhältnis vorhanden sein, damit der Verweis auf das Bauchgefühl ausreicht.

Aber selbst wenn es dieses Vertrauensverhältnis zu sich selbst oder anderen gibt, plädiere ich nicht ausschließlich für die Intuition. Ich handhabe das so, dass ich mein Bauchgefühl als erstes Signal, als ersten Impuls für eine bestimme Richtung interpretiere. Dann versuche ich mir dieses Gefühl möglichst schlüssig zu erklären. Wenn das überhaupt nicht gelingt und einfach alle Fakten dagegen sprechen, dann werde ich nicht blind auf meine Intuition vertrauen. Dann überlege ich, ob dieses Gefühl tatsächlich aus dem Bauch kommt oder doch ein versteckter Wunsch meiner linken Gehirnhälfte oder des Egos ist. Das zu unterscheiden, gelingt aber auch nicht immer ganz zuverlässig.

Beruhigend finde ich dann die Theorie vom viel beachteten Hirnforscher Gerhard Roth, dass wir sowieso jede Entscheidung, ob wir wollen oder nicht, intuitiv treffen. Die rationalen Erklärungen sind dann nur noch ein Instrument für unsere Glaubwürdigkeit gegenüber uns selbst und anderen. Scheinbar vermitteln wir uns dadurch das Gefühl von Sicherheit, wenn wir auch genügend Gründe für eine Entscheidung anführen können. Diese Eigenschaft können wir auch dafür verwenden, unsere Selbstüberzeugtheit zu stabilisieren. Dieses Modell stelle ich später noch vor.

Zurück zu unserem aktuellen Thema: Es geht in diesem Kapitel immer noch um den Wunsch nach Verbesserung und nun sollten wir erfahren, wie uns die Kraft der Intuition dabei unterstützen kann. Näher möchte ich zwei Möglichkeiten betrachten. Zum einen, wenn es um die Lösung eines konkreten Problems geht und zum anderen, wenn es um die Frage „Soll ich oder soll ich nicht?" geht.

Vorweg sollten Sie wissen, dass diese Strategie keine Methode ist, durch die Sie erfahren, wie Sie ein hohes Ziel erreichen, falls ein solches für Ihren Verbesserungswunsch wichtig wäre. Zumindest nicht in diesem Sinne, wie Sie ihn vielleicht verstehen. Das Lösen eines komplexen Problems ist auch ein Ziel, aber wenn Sie sich Gedanken machen, wie Sie ein großes Projekt oder eine großartige Idee umsetzen können, dann ist das etwas anderes. Für solche Ziele brauchen Sie jetzt noch keine Strategie. Das könnte dazu führen, dass Sie (noch) keine finden und deshalb Ihr Ziel aufgeben. Das wäre sehr schade, denn die nötigen Inputs für das Erreichen solcher Ziele kommen erst auf dem Weg dorthin und nicht gleich am Anfang. Viele machen sich aber nie auf den Weg, weil sie am Anfang den gesamten Weg nicht kennen. Aber auch das schauen wir uns in einem späteren Kapitel noch genauer an.

Bleiben wir bei aktuellen Problemstellungen. Vielleicht gibt es in Ihrem Leben gerade etwas, wo die Lösung die Basis für eine Verbesserung zu mehr Lebensqualität wäre. Dann haben Sie ein passendes Beispiel.
Wie stark Ihnen hierbei die Intuition helfen kann, ist abhängig vom Bereich, in dem sich dieses Problem befindet. Wie schon erwähnt, ist es absolut relevant, ob Sie bereits Erfahrungen in diesem Bereich sammelten bzw. wie sehr Sie sich mit dieser Materie schon befassten. Nicht jeder wird ein großer Erfinder, nur weil er sich in die Badewanne legt und auf sein Heureka wartet. Dass geniale Einfälle scheinbar aus dem Nichts kamen, ist ein Irrglaube. Es kann schon stimmen, dass die betreffenden Personen gerade in der Badewanne saßen. Vergessen werden dabei aber meistens die Vorgeschichten: tausende Versuche, tausende Fehlschläge, jahrelanges Studium, hunderte Bücher zu diesem Thema und vieles mehr. Hier hat die Intuition ein gigantisches Repertoire an Daten zur Verfügung. Wenn ich mich in die Badewanne lege, wird mir wohl kaum eine technische Innovation einfallen, nachdem das absolut nicht mein Gebiet ist. Hier muss man schon realistisch bleiben.

Damit sich Intuition entfalten kann, muss man vom Thema loslassen. Solange sich der Denkapparat um eine Lösung bemüht, geben wir unserer Intuition keinen Raum. Sobald wir aber loslassen, macht sich die Intuition still und heimlich an die Arbeit und durchforstet unsere Aktenschränke im Gehirn nach brauchbarem Material. Über das Loslassen ist schon viel geschrieben und gesagt worden. Ich denke, jeder hat schon mal gehört, dass man loslassen muss. „Aber wie??", höre ich Sie gerade sagen und muss dabei schmunzeln, weil ich es selber gerne wüsste. Zumindest kenne ich keine Methode für Herzensangelegenheiten. Beispiel Partnerwunsch: Wenn man loslässt, steht plötzlich der nächste Partner vor der Tür. Oft gehört, geglaubt, aber nie funktioniert. Und doch gibt es Beispiele, wo es funktioniert hat. Ich bin mir aber sehr sicher, dass das Loslassen in diesen Beispielen unbewusst und ohne Methode geschah. Aus meiner Sicht ist das auch die einzige Möglichkeit loszulassen, wenn es einfach passiert. Das geht vermutlich aber nur dann, wenn sich auch das Bedürfnis zu dieser Sache, in dem Fall ein neuer Partner, auch tatsächlich verringert. Einen Partner wollen, sich dann bewusst zu sagen, jetzt loszulassen, damit der neue Partner endlich kommen kann, hat aus meiner Sicht keine Chance. Man kann auch nicht bewusst einschlafen. Plötzlich schläft man. Solange man daran denkt, bleibt man wach. Der Vorteil beim Einschlafen ist, dass man irgendwann loslassen muss, da der Körper uns dazu zwingt. Das Bedürfnis nach einem neuen Partner oder anderen Dingen kann aber viel ausdauernder sein. Eine Unterstützung ist es, sich zu überlegen, warum das Singleleben gerade gut ist. Wenn Sie die dadurch verfügbare Zeit nutzen, um beispielsweise in einem Hobby besser zu werden oder sich beruflich weiterzuentwickeln oder Ähnliches, dann wird es eine ehrliche Identifikation mit der aktuellen Situation. Wenn man dann die Vorteile seiner derzeitigen Situation aktiv nutzt, dann geht es schon in Richtung Loslassen.

Bei sachlichen Problemstellungen gibt es eine bewährte Methode, die in der fachlichen Literatur schon oft wiedergegeben wurde und auch das Loslassen berücksichtigt, deshalb möchte ich Ihnen diese vier Schritte gerne nahelegen:

1. Befassen Sie sich mit dem Problem oder der Aufgabe rational und möglichst intensiv. Vor- und Nachteile sollten in dieser Phase bewusst rational abgewogen werden. Sammeln Sie so viele Fakten wie möglich und beschäftigen Sie sich damit.
2. Jetzt kommt die Loslass-Phase: Beschäftigen Sie sich mit etwas völ-

lig anderem und lenken Sie sich ab. Ignorieren Sie das Problem. Dadurch geben Sie Ihrer Intuition Raum, die Fakten zu verarbeiten.

3. Nach dieser Phase kommt oft der sogenannte Geistesblitz. Der spontane Einfall oder Gedankenimpuls, der plötzlich alles klar und einfach erscheinen lässt. Etwas zum Aufschreiben sollte immer in der Nähe sein. Solche Impulse kommen, wenn man nicht damit rechnet und halten sich nur kurz im Gedächtnis.

4. Im letzten Schritt sollten Sie diesen Geistesblitz nochmal einer kritischen Prüfung unterziehen. In der Regel kennen Sie im Nachhinein auch die Fakten, die dafür sprechen. Anschließend sollte man diesen Einfall sofort umsetzen, bevor die kritische Prüfung zu lange dauert.

Vielleicht hatten Sie ein passendes Beispiel, um mit diesen vier Schritten Ihre Intuition auf die Sprünge zu helfen. Ich kann mir aber auch vorstellen, dass Sie etwas ganz anderes quält. Nämlich die Frage „Soll ich oder soll ich nicht?". Damit kann eine weitreichende Entscheidung gemeint sein, die in allen Lebensbereichen vorkommen kann. Eine Partnerschaft beenden, ein Jobangebot annehmen oder ablehnen, ein tolles Auto kaufen, ein Unternehmen gründen, sich zu einem Marathon anmelden etc. Da mit solchen Entscheidungen meistens große Veränderungen einhergehen, schieben wir solche Entscheidungen ewig auf. Deshalb kann es leicht sein, dass Sie diese Frage bereits seit Jahren quält.

Eine mögliche Antwort können wir vielleicht finden, wenn wir unsere Gefühle bewusst wahrnehmen, während wir über eine bestimmte Entscheidung sprechen.

Wenn Sie Ihr Vorhaben einer Vertrauensperson erzählen und merken, dass diese Person große leuchtende Augen bekommt, weil sich Ihre Begeisterung auf sie überträgt und auch Sie ein Funkeln in den Augen haben, dann sollten Sie es tun. Wenn Sie sich vorstellen, wie Sie es tun und dabei eine Gänsehaut bekommen, dann denke ich, ist es das Richtige. Ich bin mir sicher, dass alles, was wir uns im Innersten wünschen, mit unseren Talenten und Fähigkeiten zusammenhängt. Dieses Potenzial sollten wir nicht nur als Angebot betrachten, sondern als Auftrag annehmen.

Ich bin überzeugt, unsere Intuition kann nicht nur Probleme aufgrund vergangener Erfahrungen lösen, sondern zeigt uns auch in Form von Bildern, Vorstellungen und Gefühlen wie wir unsere Zukunft erleben können, wenn wir diesen Impulsen folgen. Unsere innere Stimme kennt uns so gut wie sonst niemand. Sie weiß, welche Talente und Veranlagungen wir mitbekommen haben und zeigt uns durch unsere Wünsche, was damit möglich ist. Was unser Auftrag ist.

In diesem Kapitel haben wir einige grundlegende Dinge für eine höhere Lebensqualität erfahren. Vielleicht haben Sie die eine oder andere Übung mitgemacht und herausgefunden, in welchem Lebensbereich Sie etwas verbessern wollen. Hoffentlich haben Sie auch erkannt, dass ausschließlich Sie für diese Verbesserung verantwortlich und zugleich auch fähig dazu sind. Für kurzfristige Unterstützungen haben Sie die Kraft Ihrer Physiologie kennengelernt und auch Bekanntschaft mit Ihren inneren Anteilen gemacht, dessen Wirkungsweisen Sie sich nun besser zunutze machen können.

Über die Aufgabe Ihrer Intuition sind Sie jetzt vielleicht besser im Bild als bisher und können bewusster in Entscheidungsfragen mit ihr kooperieren.

Das alles dient einem besseren Selbstmanagement, das Sie auch brauchen werden. Denn nur mit Kenntnissen über die Vorgänge in unserer Psyche können noch keine spürbaren Verbesserungen im Außen erzeugt werden. Sie können aber durch diese Methoden einen größeren Handlungsspielraum erlangen, der Sie in die Lage bringt, das zu tun, was getan werden muss.

Die erste Handlung ist …

III.

Good bye Komfortzone – –willkommen Leben

Um Veränderungen möglich zu machen, ist es absolut notwendig, die bisherige Komfortzone zu verlassen. Die Komfortzone ist der von uns selbst erschaffene Sicherheitsbereich, in dem all unsere gewohnten Abläufe stattfinden. In diesem Bereich kann man mit geringem Aufwand den bisherigen Lebensstil erhalten. Darum ist es auch gut, eine Komfortzone zu haben, damit das Leben nicht ein ständiger Kampf ist und wir uns täglich neu erfinden müssen.

Soll aber ein bestimmter Lebensbereich verändert oder verbessert werden, ist das innerhalb dieser Komfortzone nicht möglich. Denn jeder Ist-Zustand ist das Ergebnis der bisherigen Gewohnheiten und wenn dieser Ist-Zustand verändert werden soll, müssen sich zuerst die Gewohnheiten verändern. Und alles Neue, das man beginnt, findet außerhalb der Komfortzone statt. Erst wenn dies einige Zeit regelmäßig gemacht wird, wird auch das Neue in die Komfortzone übergehen bzw. wird sich die Komfortzone um diese neuen Gewohnheiten ausdehnen. Anfänglich kostet es aber viel Überwindung, da die ungewohnten Dinge meistens auch unbequem sind: Die Ernährung umstellen, Sport mehrmals die Woche betreiben, sich auf neue wichtigere Tätigkeiten im Geschäft zu konzentrieren und viele andere Beispiele.

Risiko

Für eine Verbesserung müssen Sie höchstwahrscheinlich auch ein Risiko eingehen und ein solches gehen Sie immer ein, wenn Sie die Komfortzone verlassen. Wenn man die Komfortzone verlässt, geht man das Risiko ein, das bisher Bewahrte zu verlieren oder zumindest einen Teil davon. Das können materielle Dinge sein, aber genauso auch bestimmte Ideale und Weltanschauungen sowie Status und Macht.

Doch wenn man mit dem einen oder anderen Lebensbereich unzufrieden ist, wird man nicht herum kommen, ein Risiko einzugehen, etwas anders zu machen als bisher, etwas Neues auszuprobieren.

Was muss eine Schildkröte tun, um vorwärts zu kommen? Sie muss den Kopf rausstrecken und somit ihren Schutzpanzer verlassen. Das heißt, sie muss Risiko eingehen. Sie könnte auch ewig in diesem Panzer bleiben, so schnell verhungern Schildkröten nicht, aber sie will gelegentlich vorwärts kommen und dafür geht sie ein Risiko ein. Denn sobald sie den Kopf rausstreckt, kann der nächste Raubvogel hinter ihr stehen und ihr den Kopf abhacken.

So ist es auch bei uns. Der Schutzpanzer ist unsere Komfortzone. Darin könnten wir natürlich ganz leicht weitermachen wie bisher. Aber wenn wir uns weiterentwickeln wollen, dann müssen wir den Panzer verlassen, um vorwärts zu kommen.

Ich erzähle Ihnen damit auch nichts Neues. Ich bin mir sicher, dass die meisten genau wissen, dass man nicht weitermachen kann wie bisher, wenn sich etwas ändern soll. Aber statt dieser unbequemen Wahrheit ins Auge zu schauen und sich auch darauf einzulassen, blicken wir lieber um uns herum, ob es nicht doch eine Möglichkeit gibt, etwas zu verändern, ohne uns selbst verändern zu müssen, ohne etwas aufgeben und riskieren zu müssen. Dann sehen wir uns um und suchen im Bekanntenkreis nach Beispielen, wo es angeblich ganz easy gegangen ist. Wie haben die nochmal in der Partnerschaft die Kurve gekratzt, wie ist der zu so viel Wohlstand gekommen, durch was hat der oder die plötzlich solchen Erfolg? Mit diesen Fragen beschäftigen wir uns dann manchmal und biegen uns die Fakten so zurecht, dass sie uns den Beweis liefern, auch ohne Aufgabe unserer Bewahrungshaltung etwas bewegen zu können. Dann hatten diese Bekannten halt Glück, ideale Umstände, einfach zur richtigen Zeit am richtigen Ort gewesen. Kann ja dann bei uns auch noch kommen, müssen uns nur ein bisschen gedulden. Natürlich braucht es für mehr Erfolg und Veränderungen aller Art meistens eine gewisse Geduld. Aber wir interpretieren Geduld dann gerne falsch und zugunsten der Bequemlichkeit. Wir verstehen Geduld dann so, dass sich die Dinge von alleine ändern, wenn man geduldsam abwartet. Innerhalb der Komfortzone natürlich.

Vielleicht kann man dieses Bedürfnis evolutionär erklären. Vermutlich sind wir ursprünglich nicht darauf programmiert, das bestmögliche Leben zu führen, welches uns möglich ist, sondern mit dem geringstmöglichen Energieaufwand zu überleben.

Aber es muss damals auch schon Urmenschen gegeben haben, die unzufrieden gewesen sind, aber es nicht dabei belassen haben, sondern daraus auch einen Verbesserungswillen erzeugt haben. Die Lebensqualität hätte sich sonst ja bis heute nicht gesteigert. Inzwischen wissen wir auch, dass das Bedürfnis nach Anerkennung und Selbstverwirklichung in jedem von uns angelegt ist.

Die anerkannte Bedürfnispyramide des US Psychologen Abraham Maslow sieht folgendermaßen aus:

Die Bedürfnispyramide nach Abraham Maslow. Anerkennung und Selbstverwirklichung zählen demnach zu unseren Grundbedürfnissen.

In dieser Darstellung bilden die physiologischen Bedürfnisse das Fundament. Jedes weitere Bedürfnis wird erst dann zu einem echten Anliegen, wenn das Bedürfnis darunter ausreichend befriedigt ist. Erst wenn man genug zu essen hat, kümmert man sich um ein Dach über dem Kopf. Erst wenn man das hat, will man Partnerschaft und Freundschaften. Anschließend strebt man Anerkennung und Selbstverwirklichung an. Diese Reihenfolge kann sich auch schlagartig ändern.

Wenn beispielsweise durch eine Naturkatastrophe das Haus weg ist, gewinnt das Sicherheitsbedürfnis wieder an großer Bedeutung, obwohl man sich vielleicht bisher nur noch der Selbstverwirklichung gewidmet hat. Das Gleiche gilt bei plötzlicher Krankheit und Ähnlichem. Wer eine niederschmetternde Diagnose erhält, wird dem Wunsch nach Anerkennung plötzlich nicht mehr soviel Bedeutung beimessen.

Anerkennung brauchen wir

Ich behaupte mal, die ersten drei Bedürfnisse sind in unserer Kultur hier automatisch abgedeckt, sobald wir das Licht der Welt erblicken. Dass bei uns Menschen erfrieren oder verhungern, kommt äußerst selten vor. Zumindest gibt es in jeder Stadt Einrichtungen, die das verhindern können. In der Regel leben wir auch in Beziehungen zu anderen Menschen und haben einen familiären Background. Natürlich gibt es Zeiten, in denen man einsam ist. Um hier das Bedürfnis nach sozialen Kontakten zu befriedigen, greifen wir dann eben auf soziale Netzwerke im Internet zurück. Die ersten drei Bedürfnisse sind aus meiner Sicht in unserer Gesellschaft also kein Thema mehr, wenn auch nicht immer optimal.

Wenn es dann aber um Anerkennung und Selbstverwirklichung geht, macht sich plötzlich eine große Kluft auf. Nur noch ganz wenige wollen auch diesen Bedürfnissen folgen. Viele wollen diese Bedürfnisse sogar abspalten und leugnen. Menschen mit dem Wunsch nach Anerkennung genießen keinen guten Ruf. Sie sind rücksichtslose Blender und Egoisten, wird ihnen nachgesagt. Selbstverwirklicher gelten als realitätsfremde Träumer. „Die sollen mal ehrliche Arbeit leisten und ordentlich zupacken, so wie alle!", hört man am Stammtisch. Manch erfolgreiche Sportler und Unternehmer hört man sagen:" Um Anerkennung geht's mir gar nicht, sondern nur um die Sache!", um ihren tadellosen Ruf im Bekanntenkreis zu wahren. Bloß nichts der Anerkennung wegen machen.

Woher kommt diese stark vorhandene Ablehnung gegenüber Anerkennungs-Hungrigen und Selbstverwirklichern? Einer von mehreren Gründen ist aus meiner Sicht Folgender: Da die ersten drei Grundbedürfnisse in unserer Kultur problemlos befriedigt werden, muss man dazu seine Komfortzone niemals verlassen. Man muss nur das tun, was alle tun. Einer normalen Arbeit nachgehen, dann kommt man schön durch. Alle anderen, die alle fünf Grundbedürfnisse befriedigen wollen, müssen sehr wohl die Komfortzone verlassen. Denn Anerkennung und Selbstverwirklichung ist in unserer Gesellschaft nicht automatisch vorhanden. Und diese Leute tun es auch, sie verlassen die Komfortzone und probieren neue Dinge aus, um eben zu Anerkennung und Selbstverwirklichung zu kommen. Die Masse zieht da aber nicht mit. Dadurch exponieren sich die Komfortzonen-Verlasser und Menschen, die im Mittelpunkt stehen, werden schnell zu Projektionsflächen von eigener Unzufriedenheit und dann folgen Verurteilungen und Vorwürfe. Ich möchte nicht jene in Schutz nehmen, die in ihrem Anerkennungs-Trieb unethische Handlungen in Kauf nehmen, solche gibt es auch. Dass dieses Fehlverhalten aber als Grundeigenschaft der meisten Komfortzonen-Verlasser dargestellt wird, wie in unserer Gesellschaft leider der Fall, halte ich für kleingeistig und ungerecht.

Vielleicht ist das auch mitunter der Grund, warum selbst in unserer Wohlstandsgesellschaft so viele Menschen unglücklich sind. Grundbedürfnisse wie Anerkennung und Selbstverwirklichung werden unterdrückt, um als Belohnung dafür mit einem geringen Risiko und Aufwand durchs Leben zu gehen. Jeder weiß aber, was in zwischenmenschlichen Beziehungen passiert, wenn Bedürfnisse unterdrückt werden. Die Beziehung geht irgendwann in die Brüche, da Bedürfnisse nun mal den Drang haben, gelebt zu werden. Warum soll das mit unseren Grundbedürfnissen an das Leben anders sein? Auch diese wollen unbewusst gelebt werden. Wenn diese permanent unterdrückt werden, leidet auch unsere Beziehung zum Leben darunter. Das Ergebnis ist dann ein unglückliches Leben. Außerdem ist es ein Trugschluss, dass man ohne Anerkennungs- und Selbstverwirklichungsdrang mit weniger Risiko und Aufwand sein Leben gestaltet. Gerade die Menschen, die das glauben, investieren im Durchschnitt ein Drittel ihrer Lebenszeit in eine Tätigkeit, die nur die ersten drei Grundbedürfnisse befriedigen. Das Risiko, so nicht viel vom Leben zu haben und auch der Aufwand für verhältnismäßig wenig Gegenleistung, ist aus meiner Sicht enorm.
Solange man die Bedürfnisse nach Anerkennung und Selbstverwirklichung nicht zulässt, wird man seine Komfortzone nicht verlassen können.

Genauso lange wird man aber auch nichts verändern können. Im Prinzip müssen wir uns dafür nichts Neues aneignen. Wir müssen nur das, was sowieso vorhanden ist, zulassen. Jeder will jemand sein. Sie genauso wie ich. Sobald wir aufrichtig dazu stehen, werden wir immer wieder die Komfortzone verlassen, um im Leben vorwärts zu kommen. Das richtig Schöne daran ist, dass man dabei keine Opfer bringen muss. Niemand leidet, wenn es uns immer besser geht. Die meisten unternehmerischen Konzepte haben den Sinn, etwas besser oder günstiger zu machen. Mit anderen Worten: Es wird ein Nutzen gestiftet. Ich für meinen Teil weiß auch, dass andere immer erfolgreicher werden, wenn ich immer erfolgreicher werde. Ich bin mir sicher, dass auch Sie mit Ihren Talenten und Fähigkeiten einen Nutzen für alle stiften können. Seine Komfortzone zu verlassen, um vorwärts zu kommen, ist also nichts Egoistisches. Ganz im Gegenteil: Von unserem persönlichen Wachstum profitieren immer auch diejenigen, die mit uns zu tun haben. Insbesondere die Menschen, die uns sehr nahe stehen. Stagnation ist für Gemeinschaften, egal ob Familie oder Beruf, viel gefährlicher als Fortschritt. Viele entscheiden sich aber unbewusst für den Stillstand, indem bereits Erreichtes plötzlich nur noch bewahrt und verwaltet werden soll.

Ich stehe da ganz offen dazu. Ich schreibe dieses Buch, um dadurch mehr Menschen zu erreichen und zu unterstützen. Das macht mich wahrscheinlich bekannter und erfolgreicher. Durch mehr Erfolg bekomme ich mehr Anerkennung. Durch dieses Bedürfnis kann ich meine Komfortzone verlassen. Das ist nötig, da ich sonst kein Buch schreiben könnte. Denn das ist für mich neu und ich muss mir viel neues Wissen aneignen und Zeit investieren. Das würde ich niemals machen, wenn ich mein Bedürfnis nach Anerkennung nicht zulassen würde.

Das Gleiche gilt für sportliche Dinge. Einen Marathon bin ich bisher noch nie nur wegen der sportlichen Betätigung gelaufen. Immer ging es auch um den Wunsch nach Anerkennung. Dadurch konnte ich meine Komfortzone verlassen, um dafür zu trainieren. Laufen an sich ist natürlich auch gesund. Aber für diesen Aspekt genügen zehn Kilometer in der Woche. Damit würde man sein Herz-Kreislauf-System schon gut in Schwung halten. Aber damit befriedige ich nicht alle Bedürfnisse. Für einen Marathon muss man einige Wochen um die hundert Kilometer pro Woche laufen. Das schaffe ich nur, weil ich jemand sein möchte. Ich möchte, dass die Leute sagen:" Wow, der Michael ist gut drauf, der macht das und das.". Möchten Sie das über sich nicht auch hören? Es geht dabei ja gar nicht ausschließlich darum, was andere Leute sagen. Aber dadurch kommt man so sehr ins Tun, dass man tatsächlich besser, erfolgreicher und gesünder wird. Der Wunsch nach Anerkennung ist also eine Art Werkzeug für persönliches Wachstum in den unterschiedlichsten Bereichen.

Es geht also nicht um das Werkzeug an sich, aber um das, was man damit erreichen kann.

Denken, aber auch tun

Aber leider nicht immer bringt uns der Wunsch nach Anerkennung ins Handeln. Manche möchten etwas bei sich verändern, wollen aber trotzdem die Komfortzone nicht verlassen. Abnehmen ist zum Beispiel so ein Thema. Ich bin mir sicher, dass sich jetzt jeder zweite Leser oder Leserin angesprochen fühlt. Diese Vermutung kommt nicht von ungefähr. Im Focus 01/12 sind in der Top 10 Bestsellerliste der Ratgeber-Bücher unglaubliche sechs Bücher, in denen es um das Abnehmen geht. Wenn man das hochrechnet, interessieren sich also sechzig Prozent der lesenden Bevölkerung im deutschsprachigen Raum für eine bessere Figur. So weit, so gut. Die Sache hat aber einen Haken: Die Leute interessieren sich zwar dafür – klar, wer nicht – aber sie tun das Falsche. Sie kaufen sich ein Buch, in dem leicht verkürzt steht, dass man nichts dafür tun muss, außer die tausendste neue Diät einzuhalten. Mit anderen Worten: abnehmen innerhalb der Komfortzone! Methoden, mit denen man im Schlaf abnimmt und ähnliche Versprechungen, werden darin vermittelt. Der Absatz solcher Bücher ist ein Parameter für den Bedürfnisgrad, in der Komfortzone etwas verändern zu wollen. Wenn man sich die Bestsellerlisten ansieht, erkennt man, dass dieses Bedürfnis wohl sehr viele Menschen haben müssen. Dabei ist das Abnehmen so simpel wie kaum etwas, das so viele Leute interessiert: mehr Energie verbrauchen als man zu sich nimmt. Wenn das zu wissenschaftlich klingt, kann man auch mehr Bewegung und weniger Essen sagen. Ein bewährtes Mittel ist Sport. Das klingt sehr einfach, ich weiß. Aber Sport hat immer schon funktioniert, es funktioniert auch jetzt und wird das auch in Zukunft tun. Da werden die noch so ausgeklügelten Diäten nie mithalten können.

Meistens werden aber nicht einmal die Diäten konsequent umgesetzt. Dann ist es halt die Veranlagung und man kann nichts dafür. Sport würde in diesem Fall dann natürlich auch nichts bringen und Laufen ist ja sowieso nicht gut für die Gelenke. Übergewicht macht den Gelenken nicht so viel und außerdem fühlt man sich plötzlich wieder sehr wohl mit seiner Figur. Schlanke Leute werden dann schnell als beinahe magersüchtig abgestempelt und vom Leben haben Schlanke auch nichts mehr. Angeblich ernähren sie sich nur von Suppe und Salat. Ich möchte wirklich nicht Menschen mit Übergewicht weniger wertschätzend behandeln als andere. Was ich möchte, ist, dass jene mit dem Wunsch nach Abnehmen endlich das tun, was auch etwas bringt. Das wird wahrscheinlich große Mühen mit sich bringen. Aber ist es das nicht wert? Wenn dieser Wunsch vielleicht schon seit Jahren vorhanden ist, wird man wohl einen gewissen Preis bezahlen wollen dafür, oder? Dieser Wunsch wird ja nicht weniger mit der Zeit. Irgendwann resigniert man vielleicht, aber mit einer Steigerung der Lebensqualität hat Resignation nichts zu tun. Jeder weiß auch, dass man sich für eine gesunde und schlanke Figur unter Umständen anstrengen muss. Die Diät-Industrie, die etwas anderes verspricht, versucht nur bei Ihrem Komfortzonen-Bedürfnis anzudocken. Fallen Sie nicht länger darauf rein und kommen Sie ins Tun.

Es gibt aber auch andere Bereiche, wo das Bequemlichkeits-Bedürfnis zum Geschäft geworden ist. Beispielsweise eine Branche, in die man auch dieses Buch einordnen kann. Der Buchmarkt mit Methoden und Strategien für mehr Erfolg ist nahezu übersättigt. Dieses Buch schreibe ich trotzdem, weil ich es anders machen möchte. Ich kann nicht versprechen, ob es mir gelingt, aber ich verspreche, dass ich Sie mit diesem Buch ins Tun bringen möchte. Damit unterscheidet sich dieses Buch von manch anderen Ratgebern. Sie werden hier nicht lesen, dass man bloß einen Wunschzettel schreiben muss und man dann vom Universum alles erhält, was man sich erträumt. Ich kenne auch keine Methode, wie man das Erhaltene reklamiert, damit etwas Anderes kommt. Ich schreibe auch nicht von geistigen Gesetzen, die – wenn man sie anwendet – Glück, Reichtum und Gesundheit bringen. Ich zweifle nicht an der Wirksamkeit von schriftlich festgelegten Zielen und von dem Vorteil einer positiven Grundeinstellung. Aber das alles bringt nichts, wenn man nicht ins Handeln kommt. Daran scheitern aber die Meisten und anstatt endlich ins Handeln zu kommen, wird das nächste Buch gekauft. Ähnlich wie eine Vielzahl an Diäten für das Abnehmen gibt es auch eine hohe Anzahl an Erfolgsstrategien. Ich bin mir auch sicher, dass überall schlüssige Erklärungen und Wahrheiten drinnen stecken. Letztendlich muss man aber diese Methoden für sich persönlich anpassen und dann konsequent umsetzen. Für die Umsetzung muss man allerdings die Komfortzone verlassen und da machen viele einen Rückzieher.

Ich glaube Sie gehören zu den wenigen, die es anders machen wollen. Denn immerhin halten Sie ein Buch in Händen, das weder im Titel noch am Buchrücken eine bequeme Methode für mehr Erfolg verspricht. Ich kann mir gut vorstellen, dass sich der Titel sogar etwas unbequem anfühlt.

> **Wenn du etwas als richtig erkannt hast, dann tu es – und zwar sofort.**
>
> (Jack Welch)

Denken Sie gerade an Ausnahmen? Leute, die ohne Sport abgenommen haben. Leute, die plötzlich einen beruflichen Erfolg nach dem anderen gelandet haben, nachdem sie ein Buch gelesen haben. Es gibt Ausnahmen, kein Thema! Ich befasse mich aber nicht mit Ausnahmen, denn sonst müssen wir uns andere Ausnahmen auch ansehen. Haben Sie schon mal gehört oder gelesen, dass im Urlaub jemand von einer Kokosnuss erschlagen wurde? Oder dass jemand beim Sex einen tödlichen Herzinfarkt erlitt? Ja, das haben wir alle schon mal gehört. Sind wir deshalb vorsichtiger geworden, damit uns das nicht auch passiert? Nein, sind wir nicht! Warum nicht? Weil wir nicht denken, dass wir zu dieser Ausnahme gehören! Was will ich damit sagen? In der Regel zählen wir uns nicht zu jenen, denen außergewöhnliche Dinge zustoßen. Wir ignorieren eher sogar Gefahren, als dass wir uns zu dieser Minderheit an Menschen zählen, denen solche Dinge passieren.

Kaum geht es aber darum, ohne Sport abzunehmen, kann man es sich plötzlich doch ganz gut vorstellen, zur Ausnahme zu gehören. Es ist aber genau das Gleiche. Nur richten wir es uns immer gerne genau so, dass wir möglichst bequem überall durchkommen. Das hat natürlich zur Folge, dass wir vieles nicht erreichen. Beim Sex sterben werden wir vermutlich nicht. Also ist es okay, dass wir es auch in Zukunft tun. Ohne Sport abnehmen werden wir vermutlich auch nicht. Also ist es nicht okay, weiterhin nur Bücher über das Abnehmen zu lesen. Ob wir uns zur Ausnahme zählen oder nicht, sollten wir nicht davon abhängig machen, welche Handlungen es zur Folge haben könnte.

Erfolgserlebnisse und Glück warten nur außerhalb unserer Komfortzone auf uns. Innerhalb unserer Komfortzone muss es nicht zwangsläufig unangenehm sein. Man kann darin ein sehr komfortables Leben führen. Aber echte Erfolgserlebnisse und Glücksmomente, die unabhängig von anderen Personen erlebt werden, entstehen nur durch Handlungen außerhalb der gewohnten Abläufe. Diese These bestätigt auch die Hirnforschung. Einer der bekanntesten auf diesem Gebiet ist Prof. DDr. Manfred Spitzer. Aus seiner Forschungstätigkeit wissen wir, dass das menschliche Gehirn nicht für dauerhaftes Glück gebaut ist. Glücksempfinden dient als Art Belohnsystem für das Lernen. Unter Lernen fallen alle Ereignisse, die wir nicht erwarten. Wenn ein erwartetes Ereignis eintritt, ist das kein Lernvorgang. In der Komfortzone treten fast nur erwartete Ereignisse ein. Unerwartete Ereignisse erhält man, indem man neue Dinge ausprobiert. Natürlich können Ergebnisse auch negativ ausfallen, dann erlebt man wahrscheinlich keinen Glücksmoment. Aber die Chancen stehen genauso gut, dass etwas Gutes eintritt. Dann sprechen wir von einem Erfolgserlebnis und fühlen uns glücklich. Wenn man aus Angst vor Misserfolg nie seine Komfortzone verlässt, ist das eigene Glücksempfinden von Erfolgen anderer abhängig. Nur wenn einer nahe stehenden Person oder der Lieblingsmannschaft im Fußball etwas gelingt, fühlt man sich auch kurz glücklich. Das sind dann passive Erfolgserlebnisse. Aktive Erfolgserlebnisse sind aber stärker und nachhaltiger und gleichzeitig gibt man seinem Umfeld etwas zurück. Denn das freut sich auch, wenn einem selbst etwas gelingt. Solche Erfolgserlebnisse sind aber nur durch aktives Tun möglich. Auch hier kommen wir wieder zur Eigenverantwortlichkeit. Wollen Sie selbst oder sollen die Anderen für Ihr Glücksempfinden zuständig sein?

Aus Angst vor Unglück opfern viele ihre Aussicht auf Glück. Das Endergebnis ist trotzdem Unglück. Wer immer auf Nummer sicher geht und nichts riskiert und nur bewahren will, hat auf Dauer weniger vom Leben. Ein viel zitierter Spruch lautet:" Am Ende bereuen wir nicht das, was wir getan haben, sondern das, was wir nicht getan haben." Es liegt – so wie alles auf diesem Planeten – in unserer Natur, dass wir wachsen. Persönliches Wachstum entsteht durch neue Erfahrungen. Da das einfach zu unserem Daseinsgrund gehört, gibt es wahrscheinlich auch das Glücks-Belohnsystem, das uns in unserer Weiterentwicklung bestärken soll. Wenn man sich dessen aber widersetzt, handelt man entgegen seiner grundsätzlichen Veranlagung. Dass das auf Dauer nicht glücklich machen kann, ist aus meiner Sicht nachvollziehbar. Ich glaube Misserfolge, die sicher immer wieder mal auftreten, sind leichter zu verkraften als die Erkenntnis, dass man nicht wirklich etwas aus seinem Leben gemacht hat. Aus Misserfolgen lernt man und kann mit diesen Lerngewinnen seine Zukunft besser gestalten. Die Erkenntnis, zu wenig probiert zu haben, kommt meistens zu einem Zeitpunkt, wo man nicht mehr viel Gelegenheit hat, etwas nachzuholen. Da frage ich mich, was gilt es eher zu vermeiden: gelegentliche Misserfolge oder einen ernüchternden Rückblick auf ein Leben weit unter seinen Möglichkeiten?

Es geht bei diesen Überlegungen nicht ausschließlich um beruflichen Erfolg, sondern auch um eine allgemeine Steigerung der Lebensqualität. Auch neue Hobbys und Freizeitaktivitäten warten außerhalb unserer Komfortzone auf uns und wollen entdeckt werden. Nicht für alles ist mehr Geld nötig. Oft genügt nur der Wille etwas zu planen und durchzuziehen. Wenn man es sich nicht zur Gewohnheit macht, aktiv zu bleiben und Dinge zu unternehmen, wird man immer anspruchsloser. Das kann dazu führen, dass eine Zugfahrt in eine Stadt, die dreißig Kilometer entfernt liegt, schon gar nicht mehr umgesetzt wird. Langes Aufschieben führt nie zu mehr Engagement zu einem späteren Zeitpunkt. Das Gegenteil ist der Fall. Je weniger man sofort macht, desto weniger macht man auch in Zukunft. Das ist wie eine Spirale, die sich nach unten dreht. Aktiv sein muss zur Gewohnheit werden, wenn man in Zukunft auch etwas erleben will. Die Statistik spricht ebenfalls gegen das Aufschieben. Jeder Sechste erreicht nicht das Pensionsalter. Von denen, die es erreichen, leidet jeder Dritte an einer körperlichen Einschränkung. Wann, wenn nicht jetzt?

Mut zu Neuem

Wozu das Verlassen der Komfortzone führen kann, möchte ich Ihnen anhand einer persönlichen Geschichte von mir und meiner früheren Lebensgefährtin erzählen. Dorit und ich beschlossen an einem sommerlichen Sonntag eine Wanderung zu unternehmen. Wir fuhren in das

Salzkammergut entlang des Traunsees zum Fuße des Traunsteins. Der Traunstein ist ein Berg, der aufgrund seiner imposanten Erscheinung als Wächter des Salzkammergutes bezeichnet wird. Wenn Sie manchmal auf der A1 zwischen Salzburg und Linz unterwegs sind, können Sie diesen Berg in Höhe von Steyermühl und Regau gut erkennen. Ein sehr felsiger Klotz, der ziemlich alleine dasteht und unerfahrenen Wanderern Respekt einflößt. Dorit und ich wollten den Berg entlang zu einer Jausenstation und einem dahinter liegenden See wandern. Doch zuvor habe ich ein Schild gelesen, das den Einstieg auf diesen Berg markierte. Da die ersten fünfzig Meter gut erkennbar waren und nicht sonderlich anspruchsvoll aussahen, habe ich den spontanen Vorschlag gemacht, den Berggipfel der Jausenstation vorzuziehen. Oben ist ja auch sicher eine Hütte, wo wir etwas essen können. Dorit willigte ein und wir machten uns auf den Weg. Inzwischen war es kurz vor Mittag im Hochsommer. Nach fünfzehn Minuten wurde der Weg schon etwas steiler, nach dreißig Minuten waren wir bereits völlig durchnässt vom Schweiß. Dorit meinte: „Lass uns umkehren – das haben wir unterschätzt!" Ich sagte: „Warum – wir sind sicher gleich oben!". Woher ich das wüsste, wollte sie noch wissen. Das war nur eine Schätzung und wir gingen weiter. Irgendwann kamen uns die ersten Wanderer entgegen und ich wollte von ihnen wissen, wie weit es noch ist. Sie waren sichtlich erschöpft und haben diese Frage belächelt und nicht ganz ernst genommen. Sie waren nämlich froh, endlich fast unten zu sein. Es kamen uns dann sehr viele Wanderer entgegen und alle paar Minuten fragte ich, wie weit es noch ist. Dorit war das schon ziemlich peinlich. Wir diskutierten dann auch immer öfter, ob wir umkehren sollten. Aus meiner Sicht waren wir aber schon zu weit oben und umkehren würde sich gar nicht mehr auszahlen. Also gingen wir weiter. Irgendwann verließen wir das Waldstück und kamen in ein sehr felsiges Gelände. Der Mittagssonne waren wir nun gnadenlos ausgeliefert und ich glaube, ab da verließen wir beide unsere Komfortzone. Diese neuen Erfahrungen waren alles andere als angenehm. Bei Dorit machte sich ihre Höhenangst bemerkbar und ich hatte bald keine Kraft mehr in den Oberschenkeln. Weiterzugehen hatte nur noch den Zweck, möglichst schnell die Hütte zu erreichen, um etwas trinken zu können. Zu diesem Zeitpunkt hatten wir aber erst rund ein Drittel des Weges. Das wussten wir aber zum Glück nicht so genau. Im Nachhinein betrachtet ist diese Route wirklich nicht sehr anspruchsvoll. Aber beim ersten Mal und ohne Vorbereitung mussten wir beide über uns hinauswachsen. Ich weiß nicht woher Dorit plötzlich diese Kraft nahm, aber im letzten Drittel hatte ich Mühe mit ihr mithalten zu können. Wahrscheinlich war für sie dieses Erlebnis der entscheidende Impuls, in Zukunft mehr Zeit in den Bergen zu verbringen, als sie sich zuvor erträumt hätte. In den nächsten Monaten und Jahren bestieg sie noch mehrmals den Traunstein auf allen Routen. Sie wurde Mitglied im Alpenverein, machte Kletterkurse auf Eiswänden, überquerte die Alpen zu Fuß und bestieg auch den Großglockner. Zweimal schloss sie sich einer Trekkingtour im Himalaya Gebirge an und kam bis ins Basislager des Mount Everest. Als Highlight gilt bisher eine 6000er Erfahrung am Island Peak in Nepal! Das meine ich, wenn ich sage, dass man durch das Verlassen der Komfortzone völlig neue und spannende Erfahrungen macht. Wären wir an diesem Sommertag verfrüht umgekehrt oder hätten es erst gar nicht versucht, auf den Traunstein zu kommen, hätte Dorit viele einmalige Erfahrungen wahrscheinlich nie gemacht.

Vielleicht haben Sie Lust bekommen, auch Ihre Komfortzone zu verlassen. Wie geht das nun? Da gibt es ganz unterschiedliche Möglichkeiten. Man kann auch ganz im Kleinen anfangen. Einen anderen Weg in die Arbeit wählen, woanders Einkaufen gehen oder das Wochenende anders gestalten als gewohnt. Es gibt mehr Freizeitangebote als Sie denken und das meiste ist günstiger und weniger aufwendig als man annimmt. Wahrscheinlich wissen Sie selbst am besten, wie viele Dinge es gibt, die Sie gerne schon immer mal ausprobieren wollten. Tun Sie es einfach. In Google informieren, eine Entscheidung treffen, dort anrufen und das Ganze terminisieren. Sie können in wenigen Minuten das fixieren, worüber Sie womöglich schon jahrelang nachdenken. Sie werden dabei feststellen, wie einfach es ist, etwas zu tun. Vielleicht machen Sie auch schon regelmäßig Sport. Auch da ist es nötig, die Komfortzone zu verlassen, wenn Sie besser werden wollen. Wenn Sie eine bestimmte 5-Km-Strecke laufen, laufen Sie mal eine andere. Oder verdoppeln die Distanz einfach mal auf 10 Km. Die meisten Hobbyläufer haben viel zu viel Respekt vor längeren Distanzen. Wenn Sie einfach mal so einen 10 K laufen, werden Sie das in etwa demselben (subjektiven) Anstrengungsgefühl meistern wie bisher die fünf Kilometer. Nebenbei werden Sie bemerken, wie leicht plötzlich die ersten Fünf gingen. Nicht nur der Geist, sondern auch der Körper wächst mit der Aufgabe. Nach einem solchen Lauf werden Sie ein derartiges Erfolgserlebnis spüren, mit dem keiner der gewohnten Läufe mithalten kann.

Ob man sich der Grenze seiner Komfortzone nähert, merken Sie an einem leichten Angst- oder Unsicherheitsgefühl. Zweifel ist ebenfalls ein guter Indikator. Wenn solche Gefühle aufkommen, sind Sie gut unterwegs, dann ist es nicht mehr weit. Wenn Sie dann diese Schwelle übertreten, stehen Sie außerhalb Ihrer Komfortzone und mitten im Leben. Wie viel Leute sagen sich wohl, einmal einen Marathon laufen zu wollen? Wie viele machen es tatsächlich? Die Anmeldung dauert ein paar Minuten und die Investition ist im Vergleich zu anderen Ausgaben sehr gering. Natürlich muss man dann einige Zeit in die Vorbereitung investieren. Aber eine größere Hürde ist die Anmeldung selbst. Das ist die wahre Schwelle. Ist man angemeldet, löst das eine innere Antriebskraft aus, die den Trainingsplan umsetzbar macht. Diesen inneren Antrieb spürt man aber zuvor nicht. Es scheitert also nicht an der Zeit oder an der Belastbarkeit beim Laufen, sondern ganz schlicht am mangelnden Mut, sich anzumelden. Viele sagen sich dann, zuerst mehr laufen, besser werden und sich erst dann anmelden zu wollen. Wenn jemand nicht von Haus aus ein begeisterter Läufer ist, wird das nie etwas. Besser werden zu wollen, ist ein Alibi für das Aufschieben. Niemals werden diese Leute plötzlich so gut, dass sie von sich aus sagen, jetzt ist es so weit. Man kann immer besser werden, somit ist das eine gute Strategie, etwas nie zu tun. Bei meinem ersten IRONMAN wurde ich von anderen Hobby-Triathleten belächelt, weil ich knapp vierzehn Stunden benötigte. Diese Leute haben selbst aber noch nie die Langdistanz gemacht und sagen, zuerst einige Jahre zu trainieren, um dann gleich ein, zwei Stunden schneller zu sein. Ich bin gespannt, ob das jemals eintritt. Der Veranstalter des Klagenfurter IRONMAN sagte in einem Interview, dass es so gut wie keine Ausfälle bei einem IRONMAN-Bewerb gibt. Von den ganz wenigen Ausfällen liegt es zumeist an technischen Gebrechen bei den Rennrädern, nicht aber an der körperlichen Leistungsfähigkeit. Das liegt nicht daran, dass dort ausschließlich Spitzenathleten an den Start gehen. Dort trifft man auf Menschen, denen man im normalen Leben kein besonders hohes Maß an Talent für einen Langdistanz-Triathlon zusprechen würde. Talent ist auch nicht der Grund, warum fast jeder ins Ziel kommt. Sondern der Entschluss, es zu tun, es durchzuziehen, mit allen mentalen und körperlichen Ressourcen. Deshalb schafft fast jeder diese unglaubliche Herausforderung. Ein bedingungsloser Entschluss ist das beste und einzige Mittel, seine Komfortzone zu verlassen.

Druck als Helfer

So hart es auch klingt, die Meisten von uns werden in bestimmten Bereichen niemals die Komfortzone freiwillig verlassen. Auch nicht, wenn man eine bestimmte Sache unbedingt will. Dann muss man sich selbst austricksen und einen gewissen Druck erzeugen. Bleiben wir beim Beispiel Marathon. Die Anmeldung sollte normalerweise reichen. Wenn dann aber zu viel Zeit vergeht, kann dieser Effekt verpuffen, bevor man mit den Vorbereitungen richtig anfängt. Hier hilft es, wenn man möglichst viele Menschen mit einbezieht und über sein Vorhaben informiert. Ich kann mich noch gut an meinen ersten Marathon erinnern. Nach mehrjähriger Sportabstinenz wagte ich mich an eine Joggingrunde heran: drei Kilometer. Ein paar Tage später fünf Kilometer. Ich dachte fünf Kilometer in gut dreißig Minuten ist schnell und habe via SMS einige Freunde über diese „Megaleistung" informiert und wollte dadurch wohl mein Bedürfnis nach Anerkennung stillen. Die Nichtsportler haben mir gratuliert, von den Sportlern habe ich keine Antwort bekommen.

Zwei Wochen später habe ich einen 10 K versucht und gerade noch geschafft. Ich habe hochgerechnet, dass ich nun mit relativ wenig Aufwand die Distanz zweimal verdoppelt habe. Wenn ich sie wieder zweimal verdopple – so meine Berechnung – bin ich bereits bei der Marathondistanz. Somit habe ich mich prompt zu meinem ersten Marathon angemeldet.

Bis zum Termin waren es aber noch über sechs Monate und somit habe ich keinen Bedarf gesehen, gleich mit dem Training zu beginnen. Der Effekt der Anmeldung war also verpufft. Zehn Wochen davor wurde mir schon ein bisschen mulmig. Der folgende Schritt hat mich viel mehr Überwindung gekostet als die Anmeldung. Denn erst das war wirklich der Point of no Return. Ich habe alle Freunde, Bekannten und meine gesamten Facebook-Kontakte darüber informiert, dass ich in zehn Wochen einen Marathon laufe. Dadurch entstand Druck und durch diesen Druck konnte ich auch einen Trainingsplan für zehn Wochen durchziehen. Der Lauf war dann alles andere als leicht. Ich bin mir auch sicher, dass ich es niemals durchgezogen hätte, wenn ich es für mich alleine gemacht hätte. Speziell nach rund dreißig Kilometern gab es eine sehr kritische Phase. Hätte niemand Bescheid gewusst, hätte ich genug Gründe gehabt, warum ich jetzt abbreche: zu kurze Vorbereitung, zu schnell gestartet, dreißig Kilometer auch schon gut für das erste Mal und, und, und. Ich hätte mir dabei auch ganz leicht in den Spiegel schauen können am Abend, ohne ein schlechtes Gewissen zu bekommen. Jeder kann sich diverse Gründe so zurechtlegen, dass man es wirklich glaubt und damit gut leben kann. Da aber sehr viele Leute informiert waren, ging das einfach nicht. Und das war schließlich auch der Hauptgrund, warum ich diesen ersten Marathon in 03:57 finishte. Ich wusste, dass ich heute auf Facebook etwas posten muss. Das war der Antrieb, mehrmals über die Schmerzgrenze zu gehen und irgendwie weiterzumachen. Dabei geht es nicht um das Facebook, sondern um den Umstand, dass ich die Sache nicht nur für mich gemacht habe. Ja, dazu gehört auch ein gewisses Maß an Ego, wenn man sich davon derartig beeinflussen lässt. Aber ist es nicht in vielen Bereichen so, dass man für sich alleine niemals das Gleiche leistet wie für Andere? Letztendlich ging es natürlich um mich, um mein Erfolgserlebnis, um meine Anerkennung, um meine Medaille. Sich aber in die Lage zu bringen, über sich hinauswachsen zu können, dafür kann der Einbezug von anderen Menschen entscheidend sein.

Diesen Effekt kennt man auch aus ganz anderen Bereichen. In Teams beispielsweise arbeitet jeder Einzelne engagierter als für sich alleine. Skispringer holen sich aus einem Leistungstief, in dem sie sich vorstellen, nicht mehr für sich, sondern für die Fans, den Trainer, die Medien oder Sponsoren zu springen. Das darf man jetzt nicht damit verwechseln, sich für wen anderen abzuschuften. In so einem Fall haben die Betroffenen auch nichts von dem Schuften. Ich spreche davon, mehr Antrieb und Leidenschaft für eine Sache zu erzeugen, wenn man andere Menschen mit einbezieht und eine gewisse Erwartungshaltung damit auslöst. Handelt man nur gemäß seiner eigenen Erwartungshaltung an sich selbst, so leistet man je nach Tagesmotivation mal mehr, mal weniger. Löst man aber bei anderen Menschen eine hohe Erwartungshaltung aus, beispielsweise durch die Ankündigung eines bestimmten Projekts, dann legt man die Messlatte der Erwartungshaltung bei diesen Menschen sehr hoch und die bleibt dann immer da oben, unabhängig der eigenen Tagesverfassung.

Rund zweihundert Menschen haben damals erwartet, dass ich an diesem Tag einen Marathon schaffe. Ich selbst habe es nach dreißig Kilometern

Ihr Leben sollte spannender, erfolgreicher und interessanter werden? Verlassen Sie Ihre Komfortzone.

nicht mehr von mir erwartet. Geschafft habe ich es also aufgrund der Erwartungshaltung von außen. Seitdem informiere ich regelmäßig meinen Bekanntenkreis über heikle Projekte, die ich alleine vielleicht dann doch nicht umsetzen würde.

Anatomie der Veränderung

Für manche Wünsche, Ziele und Vorhaben genügt es nicht, nur einmal seine Komfortzone zu verlassen. Es kann um ganze Gewohnheiten gehen, die verändert werden sollen. Rauchen, Ernährung, Sport, die Art zu kommunizieren, eine Sprache lernen, Sparsamkeit, berufliches Engagement und viele, viele andere Dinge, die möglicherweise für eine Steigerung der eigenen Lebensqualität wichtig wären. All das ist an Gewohnheiten geknüpft, die zum Teil schon Jahre oder sogar Jahrzehnte in uns automatisiert sind. Diese zu ändern, geht nicht mit einer einzelnen Aktion. Es ist viel leichter, sich eine schlechte Angewohnheit nicht anzugewöhnen, als sie sich wieder abzugewöhnen. Wenn es für diese Erkenntnis aber zu spät ist, sollte Folgendes hilfreich sein: Aus der Hirnforschung gibt es gut verständliche Metaphern, die Gewohnheiten veranschaulichen. Jede Gewohnheit hat demnach eine Art Rille in unserem Gehirn. Je gefestigter und intensiver diese Gewohnheiten sind, desto tiefer sind auch die Rillen. Man spricht auch von ausgetrampelten Pfaden und sogar Autobahnen in unserem Gehirn. Eine einzelne Aktion abseits dieses Pfads führt noch lange nicht zu einer andauernden Veränderung der Gewohnheit. Als Beispiel gefällt mir hier die Vorstellung eines Weges durch ein hohes Gras sehr gut. Die bestehende Gewohnheit hat einen gut ausgetretenen Weg durch dieses Gras. Den kann man immer wieder mühelos gehen. Möchte man diese Gewohnheit verändern und wählt einen anderen Weg, ist es sehr mühsam, durch das hohe Gras durchzukommen, denn dort gibt es noch keinen ausgetretenen Pfad. Und selbst wenn Sie mehrmals den neuen mühsamen Weg wählen, wird sich am Anfang das Gras immer wieder aufstellen und das verleitet Sie, doch wieder den bereits ausgetretenen Pfad zu nehmen. Das kennen wir alle bei unseren alltäglichen Gewohnheiten. Mit viel Disziplin kann jeder eine neue Sache eine gewisse Zeit durchziehen. Kein Fleisch mehr essen, mehrmals die Woche ins Fitnessstudio, Mitmenschen loben, weniger rauchen. Aber irgendwann lässt das wieder nach und man fällt in das alte Gewohnheitsmuster zurück. Dann war der neue Pfad durch das Gras zu mühsam und man hätte ihn noch länger gehen müssen, bis sich das Gras nicht mehr aufstellt und bis der alte Pfad nicht mehr eine leichtere Alternative darstellen kann.

Solche Gedankenspiele können unterstützend wirken, um dranzubleiben. Denn in solchen Metaphern steckt die Gewissheit, dass es mit der Zeit leichter gehen wird. Ohne solche Vorstellungen gibt man sich zu leicht den spontanen Gefühlen hin, die zu Aufgabe und Resignation führen können. Denken Sie in solchen Situationen auch wieder an Ihre inneren Anteile. Für jeden ausgetretenen Pfad gibt es auch einen Anteil, der Interesse hat, dass dieser Pfad auch in Zukunft gegangen wird. Auch für den neuen gewünschten Pfad haben Sie den entsprechenden Anteil. Aber der ist noch nicht so stark, steht weniger am Rednerpult Ihres Parlaments und braucht noch viel mehr Ihre Unterstützung durch Ihre bewusste Aufmerksamkeit auf diese neue Gewohnheit, die Sie sich wünschen.

Geben Sie Ihren neuen Gewohnheiten Zeit, bis sie wirklich zu Gewohnheiten werden können. Hilfreich kann auch die Vorstellung sein, etwas nicht für immer, sondern nur für einen begrenzten Zeitraum zu tun. Der Gedanke, nie wieder zu rauchen, fühlt sich für einen starken Raucher wahrscheinlich zu unrealistisch an. Nie wieder Fleisch zu essen, fühlt sich für einen Genussmenschen auch nicht gerade verlockend an. Leichter fällt es sich zu sagen, heute keine Zigarette zu rauchen. Morgen dann wieder nur diesen einen Tag nicht. Eine Woche auf Fleisch zu verzichten wird man sich auch zutrauen. Und dann wieder eine Woche. Ich habe vor gut zwei Monaten begonnen, mich ausschließlich vegetarisch zu ernähren. Als Zeitspanne nehme ich immer dreißig Tage. Diese Zeitspanne ist für viele Dinge geeignet. Dreißig Tage sind kurz genug, damit ein Ende in Sicht ist und lang genug, damit man etwas erreichen kann. Bei manchen Gewohnheiten genügen einmal diese dreißig Tage, bis sich ein neuer Pfad im Gehirn herausbildet und diese Handlung leicht fällt. Bei anderen Gewohnheiten muss man diese dreißig Tage mehrmals wiederholen, bis daraus eine neue Gewohnheit wird. Die Unterteilung in zeitliche Etappen würde auch bei den alljährlichen Vorsätzen helfen. Diese scheitern meistens an der unrealistischen Zielsetzung, etwas von heute auf morgen nie wieder zu tun. Man kann insgeheim natürlich das zum Ziel haben. Aber man muss sich auch hier austricksen und sich immer nur einen begrenzten Zeitraum zum Ziel setzen. Ansonsten erscheint das Ziel zu groß und nicht vorstellbar. Gerade am Anfang ist das Bedürfnis nach den alten Gewohnheiten riesig. Die Vorstellung, nun für immer darauf verzichten zu müssen, ist zu groß. Einen kurzen Zeitraum kann man es sich aber schon vorstellen und in dieser Zeit wird auch das Bedürfnis nach der alten Gewohnheit weniger. Vor allem dann, wenn die neue Gewohnheit genügend Gründe für mehr Lebensqualität mit sich bringt.

Dieses Kapitel hat vor allem den Zweck, für das Verlassen aus der Komfortzone zu plädieren. Es Ihnen schmackhaft zu machen, neue Dinge auszuprobieren, sich etwas zu trauen, ein Wagnis einzugehen und ja – auch ein Risiko auf sich zu nehmen. Zumindest sollten Sie nun in der Theorie davon überzeugt sein, etwas anders zu machen, etwas Neues in Ihrem Leben zuzulassen. Vielleicht sind Sie sogar schon so weit, etwas umzusetzen. Ein kleines Vorhaben, das Sie schon lange beschäftigt. Nur zu, betrachten Sie es als Experiment und beobachten

Sie dabei, wie schnell eine Eigendynamik entsteht, sobald Sie etwas anpacken. Wenn sich das gut anfühlt, dann sind Sie mit dieser Erfahrung noch besser gerüstet für größere Ziele.

Vielleicht sind Sie zwar überzeugt, aber trotzdem noch unsicher, ob Sie schon so weit sind. Dann denken Sie vermutlich an kein kleines Vorhaben. Solche setzen Sie womöglich ohnehin laufend um. Viel eher geht es um etwas Großes, das Sie beschäftigt. Von dem Sie überzeugt sind, dass es Sie das Leben führen lassen würde, das Sie sich vorstellen. Aber da dieses Vorhaben so groß ist, zögern Sie noch. Eventuell schon einige Jahre. Wenn ich Sie jetzt fragen könnte, warum Sie bis jetzt gewartet haben, würden Sie wahrscheinlich eine dieser Antworten geben: „Ich tu es bestimmt, warte aber auf den richtigen Zeitpunkt.", „Ich möchte in diesem Bereich noch besser werden.", „Das bereits Erreichte möchte ich jetzt noch nicht aufgeben.", „Ich warte noch auf diese eine Entwicklung und dann."

Kommen Ihnen diese Aussagen bekannt vor?

Dann ist das nächste Kapitel wie für Sie geschaffen.

Good bye Komfortzone – willkommen Leben

IV.

Learning by doing

Immer nur einen Schritt

Vitamin B gibt es überall

Leidenschaft ist Bedingung, sonst nichts

Der Zeitpunkt wird selten besser

Perfekt – nein danke!

Warum nicht? Weil es Sie vom Anfangen abhält und zwar für immer. Spontan würde ich Menschen mit dem Wunsch nach Perfektionismus in zwei Gruppen einteilen: Welche, die wirklich perfekt sein wollen, bevor sie etwas tun und deshalb nie etwas tun und welche, die das Perfekte nur als Ausrede verwenden, um nie anfangen zu müssen. Die zweite Gruppe ist die Schlauere, denn sie profitiert von diesem Prinzip. Ihr Ziel ist, etwas nie zu tun. Damit das aber tugendhaft aussieht, begründet sie das Aufschieben mit mangelnder Perfektion zum jetzigen Zeitpunkt. Gleichzeitig wissen die Vertreter dieser Gruppe aber, dass diese Perfektion auch später nicht eintritt und so erreichen sie sehr unauffällig und zugleich tugendhaft ihr Ziel, etwas nie zu tun.

> *Perfektionismus ist die Tugend der Aufschieber.*
> (Michael Altenhofer) ·

In diesem Kapitel möchte ich Vertreter der ersten Gruppe ansprechen. Also all jene, die bereits wissen, was sie gerne tun möchten, sich aber noch nicht gut genug dafür fühlen. Zugegeben, verdächte ich manchmal auch diese Gruppe, dass sie in Wirklichkeit zur zweiten Gruppe gehört, da ich auf Dauer eine solche Haltung ganz schwer nachvollziehen kann und dann werde ich misstrauisch. Denn auch die erste Gruppe müsste nach einer gewissen Zeit feststellen, wo es hinführt, wenn man wartet, bis man perfekt ist. Es führt zum Nie-Anfangen. Und wenn diese Gruppe aber angeblich den ehrlichen Willen zum Anfangen hätte, dann müssten die Vertreter dieser Gruppe doch irgendwann einen Kompromiss eingehen und ins Tun kommen. Für mich sieht das irgendwann also bei jedem nach Ausrede aus, dieser Wunsch nach Perfektionismus.

Vielleicht bin ich mit dieser Einschätzung zu hart und tue manchen unrecht. Das würde mir Leid tun! Das würde wahrscheinlich von daher kommen, dass ich selbst absolut unperfekt bin. Auch die Dinge, die ich tue, sind unperfekt. Manchmal gelingt etwas, von dem man im Nachhinein sagt, ja – das war wirklich perfekt. Aber noch nie war etwas bereits im Vorhinein perfekt.

Natürlich sollte man von einer Idee überzeugt sein und sich bestmöglich auf die Umsetzung vorbereiten. Aber so lange über etwas nachzudenken, bis praktisch kein Risiko mehr besteht, funktioniert nicht. Man darf und soll auch Perfektion anstreben und zwar während der Umsetzung. Erst wenn etwas bereits läuft, kann es sich weiterentwickeln und immer besser werden. Wenn wir in Gemeinschaftsprojekten ein Problem lösen wollen, dann mache ich regelmäßig Vorschläge, von denen ich selber weiß, dass sie noch nicht ausgereift sind und wir diesen Vorschlag höchstwahrscheinlich nicht umsetzen werden. Durch diesen Vorschlag haben wir dann aber etwas am Tisch liegen, das wir weiterbearbeiten können, bis es eben perfekt ist. Wenn jeder mit einem Vorschlag warten würde, bis er aus seiner Sicht perfekt ist, würden wir nie Probleme und Aufgaben schnell lösen können. Der Verbesserungsprozess wird aber ohnehin in keinem Bereich je aufhören, auch nicht nach Jahren. Also kann man sich ausrechnen, wie wahrscheinlich es ist, dass etwas bereits vor dem Anfangen perfekt ist.

> **Viele versuchen nur Risiko zu minimieren, statt Mut zu erhöhen.**
>
> (Michael Altenhofer)

Während einer Umsetzung ist der Wunsch nach Perfektionismus ein gutes Werkzeug für stetige Verbesserung. Das ist etwas völlig anderes, als bereits vor dem Start ein makelloses Ideenkonzept haben zu wollen. Viele Menschen zweifeln aber gar nicht so sehr an einer bestimmten Idee, die sie haben, sondern an den persönlichen Qualitäten, die sie für die Umsetzung denken zu brauchen. Aus meiner Sicht lernt man alles, was man braucht zu dem Zeitpunkt, an dem man es wirklich braucht. Beispiel Unternehmensgründung: Viele sind zwar von der geplanten Dienstleistung überzeugt, wollen aber aufgrund der angeblichen Bürokratie nicht gründen. Speziell Steuerrecht und der Umgang mit dem Finanzamt ist sehr sagenumwoben. Ich habe die Erfahrung gemacht, man braucht keine speziellen Kenntnisse, wie man mit dem Finanzamt umgeht, sondern das Finanzamt weiß, wie es mit Gründern umgeht. Und das ist viel freundlicher und service-orientierter als man denkt. Theoretisch kann man sich mit absolut keinem Wissen über Steuerrecht selbstständig machen und trotzdem lernt man alles zum richtigen Zeitpunkt – und zwar vom Finanzamt selbst. Den Fragebogen, den jeder Gründer erhält, kann man mit einer Dame am Telefon durchgehen und das für sich Optimale ankreuzen. Macht man dann keine Umsatzsteuervoranmeldung, wird man in einem Erinnerungsschreiben freundlich darauf hingewiesen. In diesem Moment hat man also wieder etwas über Fristen gelernt. Ich habe diese Behörde immer als freundlich und hilfsbereit erlebt. Wirklich sauer werden sie erst dann, wenn man es auf die Spitze treibt und da müssen aber zuerst viele Briefe ungeöffnet ins Altpapier wandern.

Und das kann man ja wohl vermeiden, da braucht man keine Kenntnisse im Steuerrecht.

Learning by doing

Neben übertriebenem Respekt vor dem bürokratischen Aufwand zweifeln viele auch an der fachlichen Qualifikation. Bin ich wirklich gut genug, will mit mir jemand arbeiten? Das sind dann diese selbstzweifelnden Fragen, die einen blockieren. Gerade in meiner Branche gibt es unglaublich viele Coaches, die sehr gut ausgebildet sind und auch das Talent haben, mit Menschen zu arbeiten. Aber sie setzen ihre Qualifikationen nicht um. Stattdessen wird eine Fortbildung nach der anderen besucht. Immer mehr Zusatzqualifikationen, immer mehr Diplome und Auszeichnungen. Nur, wer hat etwas davon? Abgesehen von den Ausbildnern niemand, denn diese Leute bieten sich ja kaum an, dass man sie buchen kann. Statt einer Ansammlung von Diplomen wäre ein gewisses Maß an Unternehmergeist wohl nützlicher. Ob sich ein Unternehmergeist entwickeln kann, wenn noch nie ein Fünkchen zu spüren war, weiß ich ehrlich gesagt nicht. Dann ist Selbstständigkeit vielleicht wirklich nicht das Wahre. Aber mit ein bisschen mehr Risikofreude und Selbstvertrauen in die eigenen Fähigkeiten kann man einen kleinen Funken zu einer kleinen Flamme entfachen und daraus kann auch etwas Großes werden.

Echte Qualifikation entsteht aus meiner Sicht ohnehin erst in der praktischen Umsetzung. Meine Coachingausbildung war die umfangreichste, die es im deutschsprachigen Raum gibt. Trotzdem wende ich von diesem vorhandenen Repertoire an Techniken nur einen Bruchteil an. Viel wichtiger als eine Vielzahl an unterschiedlichen Mentaltechniken ist für den Coachingerfolg aus meiner Sicht die Art und Weise, wie Coach und Kunde zusammenarbeiten. Einen möglichst effektiven Weg findet man erst in der Arbeit mit realen Kunden. Weiterbildung aufgrund von persönlichem Interesse und für die fallweise Ergänzung in der Coachingarbeit macht bestimmt Sinn. Aber gleich für den ersten Kunden der perfekte Coach sein zu wollen, wird nicht gehen. Da kann man noch so viele Zusatzausbildungen machen, in der praktischen Umsetzung entstehen Situationen, die man erst in der Anwendung zu bewältigen lernt. Man kann mit nichts im Vorhinein Probleme ausschließen. Stattdessen sollte man die praktische Umsetzung genauso als Fortbildung betrachten. Wahrscheinlich ist das die effektivste von allen.

Was in meiner Branche gilt, gilt natürlich auch in vielen anderen. Aus meiner Sicht genügt fast überall ein Basiswissen, um ein bestimmtes Projekt zu starten. Dieses Basiswissen genügt aber wahrscheinlich nicht, um damit sofort erfolgreich zu sein. Sobald Sie aber ein Projekt starten, beginnt automatisch ein Verbesserungsprozess. Phasenweise wird man ja sogar gezwungen, etwas anders und besser zu machen. Aus dem Basiswissen wird dann mit der Zeit ein spezialisiertes und praktisches Wissen. Und dieses sich entwickelnde Wissen kann dann zum Erfolg führen. Auf diesen Prozess muss man sich einlassen und das geschieht, sobald man etwas umsetzt. Mut und Begeisterung, um etwas anzupacken, sind in der Anfangsphase die wichtigsten Kompetenzen überhaupt, alles andere kommt danach. Ein Beispiel aus aktuellem Anlass ist bei mir jetzt das Buchschreiben. Angefangen habe ich vor zwei Monaten und da hatte ich keine Ahnung, wie man ein Buch veröffentlicht. Das hat sich bis jetzt auch nicht wesentlich geändert. Ich wusste aber warum ich es schreiben will und was drinnen stehen soll. Mehr Wissen war auch nicht nötig. Im Moment brauche ich nur die Begeisterung an meinem Thema und die daraus resultierende Lust zu schreiben. In den nächsten Monaten wird sich alles weitere ergeben. Verlag, Lektorat, Grafiken, Vertrieb etc., das alles ist zu Beginn noch nicht wichtig. Würde ich erst dann mit dem Schreiben anfangen, wenn diese Punkte alle geklärt sind, wissen Sie wann ich Buchautor werden würde: nie!

Immer nur einen Schritt

Vielleicht erinnern auch Sie sich an manche Ideen, die Sie nicht umgesetzt haben, weil Sie am Anfang zu viele Punkte geklärt haben wollten. Man denkt dann an Probleme, die man lösen will, bevor sie überhaupt da sind. Durch kluge Entscheidungen kann man vielleicht manche Probleme vermeiden. Lösen kann man sie aber erst, wenn sie wirklich eintreffen. Wer aber im Vorhinein schon die Lösung auf alle Eventualitäten kennen will, wird sich nie auf den Weg machen. Ich halte aber auch nichts von einem Zweckoptimismus, durch den man sich einredet, dass bestimmt alles völlig problemlos funktionieren wird. Egal, was man macht, es werden Probleme auftauchen. Probleme haben die Aufgabe, etwas zu verbessern. Anstatt die Möglichkeit von Hindernissen auszuschließen, sollte man lieber genug Selbstvertrauen für die Bewältigung dieser Aufgaben entwickeln, die vielleicht auf einen zukommen. Dabei geht es nicht um die Aufgabe an sich. Die kennen wir im Vorhinein noch nicht. Wir können bei allem davon ausgehen, dass etwas kommt. Aber was es genau sein wird, darüber brauchen wir im Vorfeld noch nicht nachdenken. Da genügt es sich zu sagen, dass man dann, wenn es so weit ist, jedes Problem lösen wird. Wie, spielt dabei noch keine Rolle. Dazu braucht man Selbstvertrauen. Zwei bestimmte Fragen aus der systemischen Beratung können hierfür nützlich sein: Welche Probleme gab es bereits in der Vergangenheit, die ich gelöst habe? Welche Probleme wurden in meinem nahen Bekanntenkreis bereits gelöst? Fast jeder findet auf diese Fragen bei genauerer Betrachtung Ereignisse, die wir schon fast vergessen haben und bei denen wir aber ein hohes Maß an Lösungskompetenz bewiesen haben. Gerade im Nachhinein fragt man sich dann oft ganz verwundert, wie man damals bloß dieses Problem gemeistert hat. Dabei erkennt man vielleicht, dass erst die unmittelbare Bedrohung zu dieser Lösungskompetenz geführt hat. Also kann man davon ausgehen, dass man auch bei zukünftigen Schwierigkeiten weiß was zu tun ist. Auch wenn man sich das lange im Vorhinein noch nicht vorstellen kann. Diese Erkenntnis sollte das Selbstvertrauen im Umgang mit möglichen zukünftigen Problemen steigern.

Vielleicht hilft auch der Vergleich mit einem Bergsteiger. Wenn ein Bergsteiger aufbricht, kennt er das Ziel, aber nicht jedes einzelne Hindernis am Weg dorthin. Können Sie sich vorstellen, dass ein Bergsteiger erst dann losgeht, wenn er exakt weiß, wie er jedes Hindernis bewältigen wird? Bestimmt nicht. Er hat das nötige Selbstvertrauen, dass er den zu besteigenden Berg schaffen wird und allen Hindernissen gewachsen ist. Wir verhalten uns aber oft genau anders. Wir wollen jede Einzelheit kennen. Das geht allerdings nur innerhalb der Komfortzone, wo alle Abläufe bestens bekannt sind. Außerhalb müssen wir für Überraschungen vorbereitet sein, am besten mit einem hohen Maß an Selbstvertrauen. Ein Bergsteiger hat immer nur das nächste Hindernis im Blick. Darauf konzentriert er sich und erst dann befasst er sich mit dem nächsten. Klar wird so gut es geht im Vorfeld die Route geplant, alle Eventualitäten durchgespielt und immer möglichst vorausschauend gehandelt. Trotzdem weiß jeder Bergsteiger, dass er in vielen Situationen flexibel reagieren muss.

Zur besseren Veranschaulichung lasse ich manchmal in Vorträgen den Saal komplett abdunkeln und setze mir eine Stirnlampe auf. Dann stelle ich die rhetorische Frage ans Publikum, auf welchen Punkt ich mich jetzt konzentrieren kann: Auf den unmittelbar vor mir oder auf einen zehn Meter weiter vorne auf der Bühne? Die Antwort ist natürlich klar, denn die Leuchtstärke der Stirnlampe erreicht nur die ersten zwei Meter vor mir. Erst wenn ich diesen Schritt gemeistert habe, wandert das Licht etwas weiter nach vorne. Würde ich den ganzen Weg vor mir ausleuchten wollen, wäre das ein unrealistisches Unterfangen. Das darf aber nicht der Grund sein, nie loszugehen. So verhält es sich auch mit unserer Konzentration. Unsere volle Aufmerksamkeit können wir nur auf den nächsten Schritt vor uns richten. Wenn der gegangen ist, folgt ein Bereich weiter vorne. Man kann nicht den gesamten Weg im Voraus sehen und jede Etappe lösen. Aus meiner Sicht ist das einer der Hauptgründe, warum so viele Projekte nicht umgesetzt werden. Weil man eben nur einen kleinen Teil der Strecke sieht und was danach kommt, erkennt man am Anfang nicht. Die Angst vor dem Unbekannten lässt uns dann zögern. Nur weil es noch nicht bekannt ist, darf man nicht automatisch davon ausgehen, dass es extrem bedrohlich und unlösbar wird. Eher im Gegenteil. Beim Näherkommen erkennt man genaue Strukturen eines Problems und somit auch Lösungsansätze. Auch da hilft der Vergleich mit einem Berg: Aus der Ferne sieht ein Berg aus wie eine flache, steile Wand, die man nur mit guten Kletterkenntnissen und technischer Ausrüstung bezwingen kann. Erst beim Näherkommen und spätestens beim Einstieg sieht man plötzlich, dass man bei vielen Bergen auf ganz normalen Wanderwegen hochkommt. Aus der Ferne war das natürlich nicht erkennbar.

Wenn ich einen Marathon laufe, denke ich natürlich auch nicht gleich beim Start an die volle Distanz. Ich weiß zwar wie weit es ist, aber das mache ich nicht zum Thema in meinem Kopf. Würde ich an alles denken, was in den nächsten Stunden kommt, würde ich wahrscheinlich ein Schwächegefühl bekommen, da sich das zu schwer für mich anfühlen würde.

Lieber denke ich an die ersten zehn Kilometer, die ich in einer guten Zeit laufe und dabei trotzdem vital bleibe. Dann wieder die nächste Etappe und so weiter. Dazwischen gibt es alle möglichen Probleme zu lösen: Vielleicht regnet es mal und ich muss aufpassen in keine Pfützen zu treten. Zumindest nicht in zu viele und zu tiefe. Das weiß ich aus Erfahrung, dass man das vermeiden soll. Vor allem dann, wenn man noch fünfzehn Kilometer vor sich hat. Oder vielleicht fängt ein Knie an zu schmerzen, wahrscheinlich wird irgendwann mal ein Leistungseinbruch kommen. Damit beschäftige ich mich aber erst, wenn es so weit ist und in der Regel überwindet man all diese Hürden. Das weiß ich auch, deshalb quäle ich mich gar nicht mit diesen Gedanken oder noch schlimmer: deshalb erst gar nicht antreten. Beim IRONMAN war der Fokus auf die Gegenwart noch wichtiger. Beim Schwimmen ging es für mich nur darum, gesund und schnell genug aus dem Wasser zu kommen. Beim Rauskommen aus dem See habe ich mich gefreut, als ob ich das Ziel schon erreicht hätte, so stark war der Fokus nur auf diese Disziplin. Gut, dann noch auf das Rennrad und volle Konzentration auf die Bewältigung dieser Distanz. Da gab es dann viele sehr schwierige Phasen, in denen ich niemals daran denken hätte dürfen, später noch einen Marathon laufen zu müssen. Wahrscheinlich wäre mein Bewältigungsglauben dann rapide gesunken. Erst als ich vom Rad gestiegen bin, habe ich mich mental mit dem Laufen beschäftigt. Und das auch immer nur mit der aktuellen Runde. Das Ganze vier Mal. Erst auf den letzten Kilometern der letzten Runde habe ich mich getraut, an das Ziel denken. Zuvor war es nach so einem langen Tag gar nicht mehr vorstellbar, dass es wirklich bald geschafft ist.

Vitamin B gibt es überall

Manche machen es sich aber noch leichter, etwas nie zu tun. Nicht mögliche Probleme und Hindernisse in der Zukunft sind der Grund, sondern etwas viel einfacheres. Und obwohl es so einfach ist, kommt breite Zustimmung, wenn man es als Grund anführt. Die Rede ist von fehlenden Beziehungen, also Vitamin B. Sprüche wie „Um das machen zu können, braucht man Vitamin B!", haben wir alle schon mal gehört. Die logische Schlussfolgerung ist dann darauf, dass man eben leider keine Beziehungen hat und man diese Sache daher leider nicht machen kann. Aber das wirklich Gemeine an diesem Argument ist, dass es sogar stimmt. Gemein deshalb, weil an diesem Punkt meistens jegliche Diskussion zu Ende ist, bevor sie überhaupt anfängt. Zum Beispiel könnte diskutiert werden, welche Beziehungen man konkret für die Umsetzung der ersten Schritte benötigt. Wie schwer es ist, im Bedarfsfall diese Beziehungen aufzubauen und warum die Wahrscheinlichkeit groß ist, auch weiteres Vitamin B zu erhalten. Darüber wird gar nicht gesprochen. Man braucht Beziehungen, hab ich leider nicht, Ende des Denkprozesses.

Ich bin auch hier skeptisch, ob diese Leute denn wirklich Interesse an Beziehungen hätten oder diese Begründung nur als Ausrede für das Nicht-Tun herhalten muss. So wie aus meiner Sicht meistens auch der Wunsch nach Perfektionismus. Vielleicht halten Sie mich für paranoid, wenn ich überall nur noch Ausreden vermute. Es wird vielleicht wirklich Menschen geben, die gerne wollten, aber tatsächlich zu eingeschüchtert sind. Ich hoffe mit diesem Buch auch diese Menschen zu erreichen.

Betrachten wir Beziehungen mal etwas genauer: Die Rede ist immer nur von haben oder nicht haben. Ich habe noch nie den Spruch gehört: „ Dazu muss man Beziehungen aufbauen!". Das wäre aber viel treffender, denn jede Beziehung, die jemand hat, wurde vorher aufgebaut. Manchmal unabsichtlich, dann spricht man von Glück. Manchmal aber auch ganz bewusst und auf ein Ziel ausgerichtet, dann spricht man von Netzwerken. Der Spruch, dass man Beziehungen aufbauen muss, impliziert Eigenverantwortlichkeit und nötiges Engagement. Vielleicht wird diese Aussage deshalb so sehr gemieden. Beziehungen müssen und können aufgebaut werden. Mit dieser Erkenntnis braucht man auf nichts mehr warten, sondern kann sofort loslegen. Wenn man in einem neuen Haus leben will, ist auch klar, dass dieses Haus gebaut werden muss. Oder haben Sie schon mal gehört, dass man so ein neues Haus halt haben muss, wenn man darin leben will? Und wenn man zufälligerweise keines hat, kann man auch nie darin leben. Das wäre doch völlig absurd. Bei Beziehungen tun wir aber manchmal genau so.

Eine Beziehung ist ein Prozess aus Geben und Nehmen. Ich habe etwas, das für jemanden interessant sein kann. Dieser Jemand hat etwas, das für mich interessant sein kann. Das bedeutet also, dass man zuerst in der Lage sein muss, etwas zu geben, bevor man Beziehungen knüpfen kann. Viele haben aber die Vorstellung, dass sie erst dann etwas umsetzen, wenn sie die dafür benötigten Beziehungen schon haben. So etwas ist unlogisch und nahezu schmarotzerhaft. Von allen Seiten etwas bekommen wollen, bis man so viel hat, um möglichst ohne Risiko losstarten zu können. Wer so einen Plan schmiedet, wartet ewig. Beziehungen und gute Kontakte sind wichtig. Trotzdem muss man bereits vor dem ersten Kontakt den Entschluss gefasst haben, dass man sein Ding sowieso durchzieht. Sonst ist man für das Gegenüber völlig uninteressant. Zum Teil hört sich das etwas radikal an, was ich hier vorschlage. Darum möchte ich gelegentlich auch von eigenen Erfahrungen berichten, damit dies auch in einem praktischen Bezug nachvollziehbar wird. Als ich die erste größere Seminarveranstaltung mit Top-Speakern organisieren wollte, haben mir viele davon abgeraten, da ich neu in der Branche war und keinerlei Kontakte zu Agenturen, Medien und anderen wichtigen Institutionen hatte. Mein Credo war damals schon, Beziehungen hat man nicht einfach, sondern man muss sich darum kümmern. Also habe ich eine ganze Reihe von wichtigen Ansprechpartnern der Wirtschaftskammer, Printmedien, öffentliche Institutionen, Personalverantwortliche etc. angeschrieben und von meiner Veranstaltung berichtet. Natürlich ist das noch zu wenig und ich musste auch telefonisch nachfragen. Irgendwann hatte ich dann zwei Termine, wo ich die Veranstaltung und eine mögliche Kooperation näher erklären konnte und dadurch auch die ersten Partnerschaften und Beziehungen. Mit zwei guten Partnern als Referenz fällt es auch leichter weitere potenzielle Interessenten anzusprechen. So gewinnt das an Eigendynamik und nach wenigen Wochen hatte ich mit Leuten zu tun, so, als ob ich noch nie in einer anderen Branche tätig gewesen wäre. Sogar der Landeshauptmann hat mich zwecks Kooperation empfangen, die ich per E-Mail vorgeschlagen habe. Allerdings war bei jedem einzelnen Gespräch klar, dass diese Veranstaltung bereits fixiert ist und in jedem Fall stattfindet. Wenn ich zum Marketingleiter einer großen Zeitung sage, dass ich die Veranstaltung nur dann mache, wenn ich ihn als Partner gewinne, hat sich die Kooperation erledigt. Dann sage ich ihm nämlich, dass ich selbst unfähig bin und er es für mich richten soll. Nur entschlossene Leute werden ernst genommen. Mit Zauderern und Zögerern will niemand zusammenarbeiten. Außer andere Zögerer. Das Ergebnis solcher „Schaun wir mal – Kooperationen" kann man sich ausmalen.

Natürlich sind viele Anfragen ins Leere verlaufen, aber es gibt immer eine neue Idee und eine neue Möglichkeit wie man etwas voranbringen kann. Nebenbei bemerkt, war diese Veranstaltung alles andere als ein Erfolg. Aus meiner Sicht aber auch kein Misserfolg, sondern ein „Miss Erfolg". Was das ist, erkläre ich im nächsten Kapitel. Trotz dieses Rückschlags waren die Bemühungen aber nicht umsonst. Nach der Veranstaltung hatte ich ein großes Netzwerk an wichtigen Kontakten, mit denen ich im Jahr darauf sehr erfolgreich wurde.

Inzwischen sagen manche über mich:" Klar hat er Erfolg, er hat ja die richtigen Kontakte! Wenn ich die auch hätte …"

Leidenschaft ist Bedingung, sonst nichts

Eine weitere Kategorie an Aufschiebern passt auch noch gut in dieses Kapitel. Auch diese Kategorie zeichnet sich durch einen bekannten Spruch aus, den viele von uns schon mal gehört haben. Er hört sich ungefähr so an:" Wenn es sich rentiert, dann mache ich es.". Übersetzt heißt das, man will eine Garantie für Erfolg und null Risiko. Nach dem bisher Geschriebenen könnte es auch heißen, man will Erfolg innerhalb der Komfortzone. Denn eine solche Einstellung kann nur von Sicherheitsdenkern stammen. Es kann immer wieder mal Tätigkeiten geben, die man per se nicht machen will. Dann muss klarerweise der Nutzen im Vorfeld definiert sein. Wir reden hier aber über Ideen und Projekte, die unserem Wunsch nach

Selbstverwirklichung zugutekommen. Die Rentabilität ist hier immer nur der Nebeneffekt. Viele haben verlernt zu unterscheiden, ob eine bestimmte Aufgabe ein Herzenswunsch ist oder nur Pflichterfüllung. Die Verwirklichung von Ideen wird dann automatisch mit Arbeit im klassischen Sinne gleichgesetzt. Sogar Hobbys werden auf Rentabilität geprüft. Da kann es dann vorkommen, dass man einen Sport gleich ganz aufgibt, weil man ihn vielleicht nur einige Male im Jahr macht und er sich dann aus deren Sicht nicht rentiert. Die frage ich mich, wann rentiert sich ein Hobby? Muss dabei etwa Geld verdient oder gespart werden? Ein Hobby rentiert sich doch dann, sobald es Spaß macht, unabhängig von der Stundenanzahl im Jahr.

Menschen mit solchen Vorstellungen gaukeln sich vor, durch möglichst effizientes Handeln die Qualität ihres Lebens zu optimieren. In Wirklichkeit wird aber genau an dieser Lebensqualität gespart und die eigene Existenz in Wahrheit nur noch auf ein besseres Funktionieren im Alltagstrott abgestimmt. Talente bleiben ungenutzt, weil man es gewohnt ist, dass jede Tätigkeit sofort monetär entlohnt werden muss. Menschen, die von sich und ihren Fähigkeiten überzeugt sind, beginnen mit der Verwirklichung ihrer Ideen, lange bevor der Erfolg sicher ist. Das Endergebnis ist auch gar nicht das Ziel, sondern das Ziel beginnt schon auf dem Weg dort hin. Solche Menschen haben auch nicht den Wunsch, an einem Punkt anzukommen, sondern immer in Bewegung zu bleiben. Ziele werden zu Etappenzielen, kurz bevor man sie erreicht. Das Ankommen am Ziel kann sogar zu Frustration führen, wenn es dann nicht weitergeht. Begeisterung an der Sache ist die Triebfeder und nicht eine bestimmte Gehaltsvorstellung, mit der man laut Haushaltsplan gut über die Runden kommt. Ein Kollege sagte mal zu mir: „Wenn ich mit dem Coaching gleich viel verdiene wie mit meinem jetzigen Job, dann mache ich mich selbstständig." Katastrophal!

Begeisterte Menschen sind fähig, solange es nötig ist, den eigenen Lebensstandard runterzuschrauben, bis sich auch der wirtschaftliche Erfolg einstellt. Etwas nur wegen Geld zu machen, dafür gibt es reichlich Joban-

Bei jedem Projekt steht der Entschluss an erster Stelle. Die benötigten Fähigkeiten
kommen danach.

Foto: finisherpix.com

gebote für Menschen, die sonst keinen Anspruch auf Sinnerfüllung geltend machen wollen. Etwas aus Leidenschaft und Überzeugung zu machen, dafür muss man sich selbst die Chance geben und kontinuierlich dranbleiben. Der wirtschaftliche Erfolg wird kommen, diese Zuversicht braucht man. Natürlich ist jeder von uns gezwungen, dass er immer Geld einnimmt, da man sonst ja nicht überlebensfähig ist. Ich zum Beispiel habe bis vor nicht all zu langer Zeit nebenbei zwei geringfügige Hilfsarbeiterjobs gemacht, damit meine Grundkosten gesichert sind und ich mich die Hauptzeit auf mein noch junges Unternehmen konzentrieren konnte. Da durfte ich mir nicht zu schade sein, um sechs Uhr aufzustehen und bis zum Vormittag in einem Lager zu arbeiten und spätabends bis Mitternacht dann noch in einem anderen Lager Schachteln zu schlichten. Ich hätte auch einen qualifizierten Vollzeitjob machen können und meine selbstständige Tätigkeit nebenbei am Abend. Das ist aber nicht meine Philosophie. Das Hauptengagement widme ich den Dingen, die ich wirklich will. Auch wenn das manche Unannehmlichkeiten mit sich bringt. Das Resultat war aber eine viel schnellere Etablierung meiner Veranstaltungen und Vorträge. Wenn ich schon von Konsequenz und Disziplin spreche, will ich das selbst auch vorgelebt haben. Ein PR-Berater würde mir vermutlich nicht empfehlen, solche ungeschminkten Fakten zu schreiben. Das Buch hat aber nicht den Sinn, mich bestmöglich darzustellen, sondern ich möchte allen – egal in welcher Situation jemand ist – Mut machen, an seiner Sache dranzubleiben. Selbst wenn unkonventionelle Wege dafür erforderlich sind und die Ausgangslage alles andere als perfekt ist. Bei diesen Jobs hat mir übrigens die Vorstellung geholfen, dass ich auch dort Unternehmer bin und meine Dienstleistung, in dem Fall meine Arbeitskraft, gebucht wird. Auch Sie können sich als Unternehmer fühlen, ohne unbedingt ein Unternehmen gründen zu müssen. Betrachten Sie sich als Dienstleister und Ihren Chef als Auftraggeber. Ihre Kollegen werden zu Geschäftspartnern. Manchmal funktioniert die Kooperation sehr gut, mal nicht so gut. Das ist normal, aber als Unternehmer bleiben Sie professionell und wickeln Ihre Aufträge bestmöglich ab. Eine solche Vorstellung kann Ihnen helfen, wenn Sie sich nicht gewertschätzt fühlen oder die Sinnhaftigkeit mancher Tätigkeiten in Frage stellen. Gegenüber „echten" Einpersonenunternehmern haben Sie mit dieser Sichtweise den Vorteil, immer einen Kunden zu haben, nämlich Ihren Chef. Durch dieses Gedankenspiel können Sie auch die Lust an Ihrer Tätigkeit zurückholen, falls diese abhandengekommen ist. Vielleicht stehen Sie gerade Ihrer Arbeit sehr kritisch gegenüber und fühlen sich manchmal unterfordert. Natürlich wäre es dann begrüßenswert, über eine berufliche Weiterentwicklung nachzudenken. Bis dahin können Sie Ihre jetzige Situation aber aufwerten, indem Sie sich bewusst machen, dass auch Ihre Tätigkeit für das große Ganze mitverantwortlich ist. Egal, um welche Tätigkeit es sich handelt, der Erfolg eines Unternehmens ist auch auf diese Tätigkeit angewiesen. Verfolgen Sie die Auswirkungen dessen, was Sie machen: Welche Abteilung oder welcher Kollege profitiert unmittelbar davon? Was wäre, wenn diese Arbeit unerledigt bleiben würde? Für wen sind Sie der erste Ansprechpartner? Welche Probleme lösen Sie? Haben Sie auch mit Personen aus anderen Firmen zu tun, die Sie als wichtigen Ansprechpartner betrachten? Welche Verantwortung steckt also auch in Ihrem Job? Warten Sie nicht, bis von außen Anerkennung dafür kommt. Sie selbst können sich und Ihrem Job Wertschätzung geben. Dabei geht es nicht darum, sich selbst als unabkömmlich zu betrachten. Jeder ist ersetzbar. Nur für Ihre Tätigkeit gilt das vermutlich nicht.

Der Zeitpunkt wird selten besser

Wir kommen zum Abschluss dieses Kapitels und ich möchte Sie jetzt nicht in der Annahme lassen, dass Sie sofort alles liegen und stehen lassen sollen und heute noch die ersten Verpflichtungen eingehen. Egal, ob es sich um berufliche oder private Veränderungen handelt, eine Nacht drüber schlafen können Sie sich auf jeden Fall leisten. Auf die soll es nicht ankommen und wir haben im zweiten Kapitel auch kennengelernt, dass das nicht ohne speziellen Hintergrund gut sein kann. Nachts hat Ihr Unterbewusstsein Gelegenheit, alle Informationen und Fakten des Tages zu verarbeiten, zu sortieren und dann unter Umständen ein brauchbares und womöglich anderes Ergebnis an Ihr Bewusstsein zu senden, das sich dann in Form eines Einfalls bemerkbar macht.

Wenn Sie dann immer noch (hoffentlich) den Entschluss fassen, etwas zu unternehmen, kann es trotzdem sein, dass sich ein optimaler Zeitpunkt erst in naher Zukunft ergibt. Ich weiß, dass sich das jetzt wie ein Widerspruch zu manch anderen Dingen anhört, die ich bereits geschrieben habe. Wovor ich Sie aber warnen möchte sind Schnellschüsse. Keine Frage, oft wird der passende Zeitpunkt als Argument für das Aufschieben verwendet. Manchmal stimmt es aber. Ich habe mir zur Gewohnheit gemacht, nur dann auf einen besseren Zeitpunkt in der Zukunft zu warten, wenn die Aussicht und der Vorteil dadurch sehr konkret ist. Beispiel: Wir planen, uns mit einem bestimmten Seminar an ein Unternehmen zu wenden. Ich recherchiere den Ansprechpartner und möchte nicht warten, sondern eine Einladung hinsenden. Unter Umständen weiß ich aber, dass in ein oder zwei Wochen ein Artikel über mich in einer Zeitung erscheint, den eventuell mein Ansprechpartner in diesem Unternehmen liest. Wenn ich das abwarte, steigen dadurch meine Chancen, dass unsere Veranstaltung noch interessanter betrachtet wird. Solche Gründe für das Warten kommen aber sehr selten vor. Wenn es theoretisch sein kann, dass der Artikel erst in einem Monat kommt, warte ich nicht. Nur wenn dieser bessere Zeitpunkt in sehr naher Zukunft ist und wenn ein echter Vorteil dabei herausschaut. Bei solchen Einschätzungen muss man ganz einfach ehrlich zu sich selbst sein, was nun der wahre Grund für das Abwarten ist.

Es gibt viele Beispiele, wo sich immer ein besserer Zeitpunkt in der Zukunft finden lassen würde. Vermutlich sogar überall. Wenn das aber nicht unmittelbar und sehr konkret ist, fällt das aus meiner Sicht unter das Bedürfnis, perfekt starten zu wollen. Mein Gedanke dazu ist, dass in der Zeit, in der man nicht wartet, auch sehr viele günstige Ereignisse und Vorteile entstehen können. Die entstehen aber erst während der Umsetzung und können viel besser sein als das, was vielleicht zu einem späteren Zeitpunkt ein Vorteil sein könnte.

Ich freue mich sehr, dass Sie immer noch dabei sind. Angeblich wird nur ein Bruchteil aller gekauften Bücher weiter als bis zur Seite zwanzig gelesen. Somit zählen Sie schon zu einem elitären Kreis. Das lässt im Falle dieses Buches vermuten, dass Sie es ernst meinen und tatsächlich an einer Verbesserung Ihrer Lebensqualität interessiert sind. Vielleicht haben Sie sich manchmal auch schon erwischt gefühlt und das eine oder andere Beispiel ist Ihnen bekannt vorgekommen. Dieses Kapitel kann einiges bewirkt haben. Zum Beispiel die Erkenntnis, dass nichts gleich am Anfang perfekt sein kann. Oder dass man erst im Prozess des Tuns wirklich gut wird. Vielleicht haben Sie nun weniger Angst vor Problemen und mehr Selbstvertrauen für die Bewältigung von Herausforderungen. Den Wunsch nach optimalen Beziehungen sehen Sie jetzt realistischer und die Rentabilität als Bedingung für das Anfangen vergessen Sie. Ob der Zeitpunkt in Zukunft wirklich besser ist, schätzen Sie ehrlich ab und treffen eine Entscheidung.

Ich nenne diese einzelnen Themengebiete auch Impulse. Nicht alles wird für Sie relevant sein. Jedoch kann ein einzelner Gedanke dazu führen, eine andere Entscheidung zu treffen als bisher. Und wenn Sie sich entscheiden, etwas umzusetzen, das Ihrem Leben eine andere Qualität geben kann als bisher, dann gratuliere ich Ihnen dazu. Gleichzeitig ist dann ein guter Zeitpunkt, uns mit etwas zu beschäftigen, das Menschen wie Ihnen und mir zwangsläufig passieren wird. Nämlich das, wovor uns viele Menschen gerne warnen, weil sie nicht wie wir die Chance sehen, sondern die Gefahr. Die Rede ist von Rückschlägen! Etwas umzusetzen beziehungsweise zu versuchen ist kein Garant für Erfolg. Eine Garantie gibt es nur für keinen Erfolg, wenn man nichts versucht. Wenn Sie etwas anpacken, ist der Misserfolg genauso wahrscheinlich wie der Erfolg. Die Frage ist also nicht, wie hoch ist das Risiko zu scheitern, sondern: Wie schlimm ist es wirklich, wenn es passiert? Ich bin kein Freund des positiven Denkens, durch das man Rückschläge ausklammert und nur vom Besten ausgeht. Genauso wenig beschäftige ich mich mit Misserfolg, bevor er eingetreten ist. Mentale Stärke bedeutet, auch mit Rückschlägen konstruktiv umgehen zu können, sollte einer passieren. Davor und danach bin ich optimistisch, verzichte dabei aber auf die rosarote Brille.

Aus eigener Erfahrung kann ich sagen, dass Misserfolge ein größeres Potenzial bereithalten, als wir uns vorstellen wollen. Es sollte kein Dauerzustand sein, aber im Nachhinein war vieles gut, was passiert ist.

Deshalb geht es im nächsten Kapitel um …

V.

Lehrjahre

Gewinnen wollen
oder das Verlieren vermeiden?

Niederlage als Chance

Kraftquelle finden

Umgang mit Erfolg

Miss Erfolg

Menschen versammeln sich vor einer Halle im Messegelände Wels. Autos parken und noch mehr Menschen strömen zur Halle. Es ist Samstagabend und hier wird eine Veranstaltung über die Bühne gehen. Eine Musikveranstaltung, die in den letzten Wochen intensiv beworben wurde. Djs und Liveacts wurden aus Deutschland eingeflogen und die Schlange vor dem Eingang wird länger. Eigentlich sollte es ja bereits losgehen, aber es verzögert sich. Plötzlich sieht man den Veranstalter mit Beamten der Feuerwehr und Polizei. In Händen halten sie einen mehrseitigen Auflagenkatalog, der Punkt für Punkt geprüft wird. Der Veranstalter erscheint überfordert, vieles muss nachträglich noch verändert werden. Die Absage des Events wird gerade noch abgewendet. Es geht endlich los und wenig später gibt der Veranstalter – ein achtzehnjähriger Bursche – dem lokalen Fernsehen ein Interview.

Trotz einiger hundert Besucher fällt das Ergebnis dieser Nacht ernüchternd aus: dickes Minus und eine Anzeige wegen einer Verwaltungsübertretung. Der Veranstalter hat sich wohl übernommen und sein Konzept, das inklusive der Kostenkalkulation per Hand auf einem zusammengefalteten A4-Zettel niedergeschrieben stand, war wohl nicht sehr ausgereift.

Lehrjahre

Dass der Veranstalter ich bin und diese Kurzgeschichte ein Rückblick auf meinen ersten unternehmerischen Versuch ist, haben Sie vielleicht schon erraten. Dass es sich hier angesichts des finanziellen Verlusts um einen ziemlichen Misserfolg handelt, ist auch klar. Oder doch nicht? Das Minus war groß. Groß genug, dass die Abbezahlung ungefähr zwei Jahre beansprucht hat. Aber dieser Umstand war nicht das einzige Ergebnis dieser Erfahrung. Diese erste Veranstaltung wurde zum Grundstein einer langjährigen Tätigkeit im Veranstaltungswesen, die bis heute nicht aufgehört hat.

Auch wenn es mittlerweile Kongresse und Seminare sind, lässt sich jede Entscheidung, die ich heute treffe, bis zu dieser misslichen Erfahrung zurückverfolgen, die nun weit über zehn Jahre zurückliegt.

Dazwischen gab es noch viele erfolgreiche Jahre mit guten Events, die zum Teil heute noch bestehen und von anderen Veranstaltern fortgeführt werden. Natürlich gab es auch immer wieder Rückschläge, aber eben auch immer wieder Erfolgserlebnisse und alle Erfahrungen sind mitverantwortlich für meinen Erfolg, den ich nun im Seminarbereich immer häufiger habe.

Misserfolge können auch persönliche Krisen auslösen. Krisen bestehen immer aus zwei Komponenten: Gefahr und Potenzial. Gefahr insofern, dass eine Krise die eigene Existenz vernichten kann, wenn man den Sinn der Krise nicht erkennt und die geforderte Veränderung nicht zulassen will. Potenzial insofern, dass die Zeit nach einer Krise besser ist als vorher, sofern man den Sinn erkennt und die geforderte Veränderung sehr wohl zulässt. Meine Krisen in meiner Selbstständigkeit haben dazu geführt, dass ich mich anderen Themen widmete, mich weiterentwickelte und mehr aus meinen Möglichkeiten machte. Aus unterhalterischen Veranstaltungskonzepten entwickelte sich der Wunsch, auch andere Menschen für Ziele zu begeistern, auf persönliche Potenziale hinzuweisen und Impulse für ein höheres Selbstvertrauen zu geben. Daraus entstand das Interesse am Mentalcoachingstudium und anderen konstruktiven Veranstaltungsformaten. Wahrscheinlich muss nicht immer eine Krise eintreten, um sich zu verändern. In den letzten Jahren entwickelte ich mich auch ohne Krisen beständig weiter. Aber davor gab es sicherlich einen Zeitpunkt, wo ich an Dingen festgehalten habe, die nicht mehr zu mir passten.

Veränderungen kündigen sich durch neue Interessen an. Geht man diesen nach, beschleunigt sich der Prozess und im Innenleben ist die Veränderung zuerst spürbar. Mit manchen Dingen kann man dann plötzlich nicht mehr so gut, auch mit bestimmten Menschen fühlt man sich plötzlich nicht mehr so wohl. Im Außen versucht man aber trotzdem möglichst lange so weiterzumachen wie bisher, denn im Außen haben Veränderungen spürbarere Konsequenzen, da auch andere Menschen mit einbezogen sind. Irgendwann spitzt sich die Lage aber zu und dann wäre es Zeit für eine Entscheidung. Davor drücken wir uns allerdings, bis diese Unstimmigkeit zwischen innerem und äußerem Erleben zu einer Krise führt. Diese Krise nimmt uns dann die Entscheidung ab, etwas in unserem Leben zu ändern.

Aber nicht jeder Misserfolg ist gleich eine Krise. Der Weg kann trotzdem stimmen, nur waren die Handlungen noch nicht gut genug, um weiterzukommen. Ein Rückschlag fordert uns dann auf, es etwas besser zu machen. So wie ein Sportlehrer, der seinen Schüler auffordert, einen Parcours nochmal zu absolvieren, bevor er bei den Fortgeschrittenen mitmachen darf. Bei jedem Misserfolg hatte ich das Gefühl, dass ich jetzt im Moment nicht weiterkomme. Da es aber doch immer irgendwie weiterging, wurden diese Misserfolge nur zu Zwischenergebnissen und nie zu einem Endergebnis. Rückblickend gibt es viele derartige negative Zwischenergebnisse, aber mit diesem zeitlichen Abstand kann ich sogar den Nutzen vieler solcher Situationen erkennen. Auch Erfolge gelten nur als Zwischenergebnisse. Es gibt kein Endergebnis, solange man weitermacht. Leider hören viele aber ausgerechnet nach einem Misserfolg auf und somit wird dieser dann auch zum Endergebnis. So etwas ist schade, denn der nächste Erfolg kommt wieder, so wie auch der Tag nach der Nacht wieder kommt.

Nach einem Erfolg sieht natürlich niemand einen Grund aufzuhören. Nach Misserfolgen schon. So werden Rückschläge erst wirklich zu Misserfolgen. Würde man dann genauso weitermachen wie nach Erfolgen, würde es gar keinen echten Misserfolg geben können, sondern nur ein vorübergehendes Zwischenergebnis.

Stellen Sie sich ein Fußballspiel vor, das abgebrochen wird, sobald eine Mannschaft das erste Tor schießt. So etwas gibt es nicht. Das Spiel dauert mindestens neunzig Minuten. Bis dahin gibt es nur Zwischenstände und keine Endergebnisse. Wie lange unser Spiel bzw. unser Weg zum Ziel dauert, entscheiden wir selbst. Idealerweise hört das nie auf, da es immer wieder neue Ziele gibt. Zu oft wird das Spiel aber bereits beim ersten Gegentor abgebrochen und man fühlt sich als Verlierer. Immer ein Ziel vor Augen zu haben ist die einzige Garantie, niemals zu verlieren. Denn ein Ziel hält einen im Spiel. Außer dem lieben Gott und uns gibt es niemanden, der das Spiel abpfeifen kann.

Gewinnen wollen oder das Verlieren vermeiden?

Mit einer zielorientierten Lebenseinstellung vermeidet man also das Verlieren. Trotzdem ist das noch keine Garantie, ein Gewinner zu werden. Hierfür ist mir auch keine Methode bekannt, die auf jeden übertragbar ist. Literatur über Erfolgsstrategien gibt es viele und überall ist auch etwas dabei, das Ihnen und mir hilfreich sein kann. Trotzdem sind die eigenen Erfahrungen die wertvollsten Lektionen, deshalb ist meine Strategie ganz simpel: möglichst viel probieren und nach Rückschlägen nicht aufhören, sondern dazulernen und in die nächste Runde gehen. Ich glaube auch nicht, dass man immer ein Gewinner sein kann. Voraussetzung dafür ist aber auf jeden Fall, dass es irgendetwas gibt, das man erreichen will. Ob das eine glückliche Partnerschaft, ein bestimmtes Körpergewicht, ein bestimmter Geldbetrag am Konto, eine sportliche Leistung, ein bestimmter Urlaub oder sonst irgendetwas ist. Durch ein solches Ziel gibt man sich die Chance, zu gewinnen. Ohne Ziel vermeidet man zu verlieren. Aber das ist etwas Anderes als zu gewinnen. Aus den

Bereichen Wissenschaft und Forschung können wir uns da einiges abschauen. Denn da ist es ganz normal, dass Dinge versucht werden, die sehr oft nicht funktionieren. Und zwar nicht nur Experimente, die im Stundentakt verändert werden können, sondern wo mitunter erst nach Jahren der Misserfolg eines Versuchs sichtbar wird. So gut wie jeder Innovation gingen viele Fehlversuche voraus. Ein prominentes Beispiel ist die Glühlampe, die zuvor neuntausend Mal nicht leuchten wollte. Wir können uns in unserem Leben auch als Wissenschaftler betrachten. Unser Forschungsgebiet ist eine bestmögliche Lebensqualität. Unsere Experimente sind Handlungen, die dazu führen können. Manches kann schief gehen. Aber der Durchbruch ist vielleicht nur noch eine Handlung entfernt.

Wir könnten jetzt über mehrere Seiten die bekannten und durchaus richtigen Erfolgsstrategien durchgehen: Konsequent arbeiten, dranbleiben, niemals aufgeben, optimistisch denken, Ziele schriftlich festhalten, sich das Ziel bereits als erreicht vorstellen etc. etc. Alles davon ist gut und vieles werden Sie ohnehin schon wo gelesen haben. Manches kommt sogar an späterer Stelle in diesem Buch noch. All das bewahrt aber nicht vor Rückschlägen. Ganz im Gegenteil sogar: Je mehr Selbstvertrauen Sie entwickeln, desto mehr werden Sie auch ausprobieren. Und je mehr Sie ausprobieren, desto öfter gelingt auch mal etwas nicht. Die Frage sollte also nicht lauten, wie man immer ein Gewinner wird, sondern wie man mit Niederlagen umgeht. Ich denke, erst durch die Fähigkeit, sich nach Niederlagen möglichst schnell wieder auf ein Ziel zu konzentrieren und konstruktiv mit einem Rückschlag umzugehen, wird man zu einem Gewinner. Rückschläge erfährt jeder. Der Unterschied zwischen Verlierern und Gewinnern begründet sich also im Umgang damit. Menschen, die mit Rückschlägen konstruktiv umgehen, gewinnen aber ohnehin immer etwas: Erfahrung, Entwicklung, Wachstum, Wissen und so weiter.

Unsere Fehlschläge sind oft erfolgreicher
als unsere Erfolge.

(Henry Ford)

In jedem Misserfolg steckt auch ein Nutzen. Der kann so groß sein, dass dieser Misserfolg sogar zur Miss Erfolg werden kann. Fallen Ihnen spontan einige Misserfolge aus Ihrer längeren Vergangenheit ein? Und dann versuchen Sie mal diese Ereignisse weiterzuverfolgen. Welche Konsequenzen hatte das? Was veränderte sich dadurch? Was mussten Sie dann anders machen? Wo führte das hin? Welche Möglichkeiten entstanden dadurch und welchen Nutzen hatte dieser Misserfolg letztendlich? Meistens kann man diese Fragen beantworten und erkennt dabei, dass ein bitteres Ereignis doch auch Gutes mit sich brachte. Das kann aber dauern. Manchmal Jahre, bis man es erkennt. Wenn es aktuell einen Misserfolg gibt, dann erkennen Sie vielleicht noch keinen Nutzen. Der Blick zurück auf die Entwicklung früherer Misserfolge kann aber helfen, auch bei der aktuellen Situation zuversichtlich zu bleiben und einen Vorteil zu erwarten. Und selbst wenn Sie bei manchen Dingen absolut nichts Nützliches finden können, wissen Sie nicht, vor was Sie ein Misserfolg bewahrt hat. Diese Gedanken und Erkenntnisse helfen, sehr schnell einen Misserfolg abzuhaken und weiterzumachen. Das Leben verstehen wir immer nur rückwärts. Leben müssen wir es aber vorwärts. Das Positive daran ist, dass es dadurch immer spannend bleibt. Auch wenn viele Misserfolge später zu Erfolgen wurden, ist ein Misserfolg kein Garant für den späteren Erfolg. Allerdings kenne ich keinen Erfolg, dem nicht auch Misserfolge vorausgegangen sind.

Niederlage als Chance

Es gibt aber auch Schwierigkeiten, die man nicht sofort abhaken kann. Situationen, von denen man weiß, dass man sie auch in naher Zukunft nicht ändern kann. Der Gedanke, dass diese missliche Lage irgendwann auch etwas Vorteilhaftes zum Vorschein bringt, ist dann nur sehr bedingt brauchbar. Dann würde es helfen, sofort in der Gegenwart einen Nutzen erkennen zu können. Im Mentalcoaching sprechen wir hier vom sogenannten Reframing. Ich möchte Sie dazu einladen, einmal über Ihre gegenwärtige Situation nachzudenken. Ich bin mir sicher, dass Ihnen – so wie auch mir – spontan einige Dinge einfallen, mit denen Sie nicht zufrieden sind und die Sie auch nicht sofort ändern können oder wollen. Zum Beispiel bestimmte Umstände im Job, in der Familie, bei der Gesundheit, bestimmte Verhaltensweisen bei sich, Finanzen und so weiter. Sehr schnell weiß man, welche Nachteile diese Gegebenheiten bringen. Wie sieht es mit Vorteilen aus? Kann es sein, dass selbst höchst unangenehme Umstände irgendeinen Vorteil haben? Ich denke ja. Schauen wir einmal genau hin. Hier einige Beispiele: Ist das Bankkonto leer? Gut, dann lernen Sie im Moment sehr sparsam zu leben. Sparsamkeit kann später, wenn sich das Konto füllt, eine wichtige Eigenschaft werden. Gibt es Probleme mit einem Kollegen? Dann lernen Sie im Moment mit Konflikten umzugehen. Auch diese Erfahrung kann sich irgendwann bezahlt machen. Nerven Sie Ihr Umfeld mit Ihrer Ungeduldigkeit? Okay, dafür sind Sie in vielen Bereichen sicher schneller als andere. Stimmts? Haben Sie eine Verletzung und müssen zu Hause bleiben? Dann erledigen Sie in dieser Zeit vielleicht wichtige Dinge, die Sie sonst weiter aufschieben würden.

Es gibt in jeder Situation Vorteile und Nachteile. Dieses Reframing hat nicht den Zweck, dass Sie Dinge hinnehmen, die Sie ändern möchten. Aber es hilft Ihnen dabei, ruhig und souverän zu bleiben. Sobald Sie nämlich einen Sinn in einem Problem erkennen, verringert sich augenblicklich die Belastung und Sie können gelassener damit umgehen.

Möglicherweise fühlen Sie sich nur in einer bestimmten Lebensrolle nicht erfolgreich. Das führen Sie vielleicht auf eine bestimmte Verhaltensweise zurück. Hier ein Beispiel aus meiner Coachingpraxis, eventuell können Sie das auf ein persönliches Thema übertragen und anwenden: Eine Ärztin klagt über Mobbing am Arbeitsplatz. Sie führt das auf eine eher zurückhaltende und teils unterwürfige Art zurück, mit der Sie mit ihren Kollegen kommuniziert. Die anderen Kollegen, die sehr respektiert und geachtet werden, verfügen über ein eher dominantes und teils autoritäres Verhalten. Diese Eigenschaften gefallen meiner Kundin aber nicht unbedingt, jedoch stellt sich im Gespräch heraus, dass sie genau diese Verhaltensweisen in ihrem privaten Umfeld bei zwischenmenschlichen Beziehungen an den Tag legt. Dort wirkt sich das eher nachteilig aus, deshalb lehnt sie diese Eigenschaften auch ab. Beide gewinnen wir die Erkenntnis, dass ein Teil der passiven Eigenschaften im Beruf für ihre privaten Kontakte besser wären und ein gewisses Maß an Dominanz aus ihrem Privatleben durchaus im Beruf vorteilhaft sein könnte. Sie erkennt dadurch, dass nicht bestimmte Eigenschaften grundsätzlich negativ sind, sondern in den richtigen Kontext gebracht werden müssen. Im Mentalcoaching sprechen wir dann vom sogenannten Kontextreframing. Bestimmte Verhaltensweisen überträgt man dabei in den Lebensbereich, in dem sie nützlich sind. Oft ist das ein einfacher Austausch, so wie im Falle der Ärztin. Die Übertragung gelingt mit der einfachen Vorstellung, jetzt – im Moment eines kritischen Gesprächs beispielsweise – sich mental in den entsprechenden Lebensbereich zu versetzen, in dem eine gewünschte Verhaltensweise zur Verfügung steht. Die Ärztin stellte sich in kritischen Momenten mit Kollegen vor, nun ein Gespräch mit einer nahestehenden Person zu führen. Umgekehrt dachte sie in Situationen in ihrem privaten Umfeld an ihre zurückhaltende Art im Beruf. So entstanden völlig neue Reaktionen, die sich in beiden Lebensbereichen sehr vorteilhaft auswirkten.

Was lernen wir aus diesem Beispiel? Kaum eine Eigenschaft ist ausschließlich negativ und meistens verfügen wir auch über die gewünschten Eigenschaften. Nur wenden wir sie manchmal nicht im richtigen Rahmen an. Die eben beschriebene Vorstellungsübung, in dem wir den Rahmen gedanklich vertauschen, kann das ändern.

Einmal öfter aufstehen, als man hingefallen ist. Schöner Spruch, oder? Oder wie wäre es damit: Never, never, never give up! Klingt doch auch gut, nicht wahr? Bevor ich jetzt zu sarkastisch klinge, möchte ich Entwarnung geben: Ich gehöre nicht zu jenen Coaches und Vortragenden, die sich aufgrund einer Art politische Korrektness in der Coachingszene über diese Aussagen und über die Speaker, die stellvertretend anzuführen wären, lustig machen und das alles als Show und Schaumschlägerei abstempeln. Mir scheint manchmal, dass es nahezu modern ist, sich von all dem zu distanzieren und auf eine höhere Seriösität hinzuweisen. Ich bevorzuge es, eine eigene Meinung beizubehalten. Ich finde derartige Aussagen gut, wenn sie als Impulse verstanden werden. Weiterführend möchte ich mich auch mit der Frage beschäftigen, wie und woraus man die Kraft schöpft, wieder aufzustehen und niemals aufzugeben. Vorträge, in denen solche Aussagen nur zu Parolen werden, haben keine nachhaltige Wirkung. Ein Motivationsschub ist vergleichbar mit einem reißenden Fluss. Wenn die Quelle des Flusses aber geschlossen wird, ist der Fluss schnell ausgetrocknet. Menschen, die sich gerne von außen motivieren lassen möchten, wollen nur den reißenden Fluss betrachten. Mehr kann auch nicht geliefert werden. Weder von einem Buch, noch von einem Vortrag. Nachhaltigkeit entsteht dann, wenn auch die Quelle eines solchen Flusses zur Verfügung steht. Und eine solche Quelle kann von außen nicht installiert werden, da jeder seine eigene persönliche Kraftquelle in sich hat, aus der Tatendrang, Wille, Glaube, Motivation, Durchhaltevermögen etc. heraussprudelt. Wer diese Kraftquelle in sich gefunden hat, steht mit Leichtigkeit immer wieder auf und wird niemals aufgeben.

Kraftquelle finden

Eine mögliche Kraftquelle kann ein Wunsch sein, der zum Ziel wird. Und das geschieht dann, wenn man diesem Wunsch ein Datum für die Erfüllung gibt. Ab dann gibt es viele Etappenziele und viele, viele Erfahrungen, die auf dem Weg dorthin gemacht werden. Wie wir wissen, sind unangenehme Erfahrungen fast immer vorprogrammiert. Wenn der Weg bis zum Ziel sehr lang ist – das können unter Umständen viele Jahre sein – dann häufen sich natürlich auch die negativen Erfahrungen. Und irgendwann beginnt man alles in Frage zu stellen. Warum das alles? Kann ich nicht doch ein gewöhnliches Leben führen und zufrieden sein mit dem, was ich habe? Anderen geht es auch nicht besser. Diese und ähnliche Gedanken treten dann auf. Selten hat man dann automatisch ein „Never give up" parat, sondern findet viel leichter Gründe, warum man sich mit der gegenwärtigen Situation abfinden muss. Sie können jedoch Ihre Kraftquelle mit einer sehr simplen Frage immer wieder zum sprudeln bringen: Warum? Dieses Warum bezieht sich auf den Grund, warum Sie einen Wunsch zum Ziel gemacht haben und dieses erreichen wollen. Wenn auf diese einfache Frage keine klare und kräftige Antwort kommt, dann ist das Ziel entweder nicht hoch genug oder nicht mehr wichtig genug. Wenn Sie sich aber augenblicklich wieder daran erinnern, warum Sie irgendwann den Entschluss gefasst haben, ein bestimmtes Ziel zu erreichen und sich die Auswirkung dieser Wunscherfüllung vor Augen halten, dann werden Sie wieder aufstehen und weitermachen. Dann kommt dieser Motivationsschub von innen und nur von dort kann er langfristig etwas bewirken. Wenn Sie ein starkes Warum haben, finden Sie immer einen Weg.

In diesem Kapitel habe ich mich bei vielen Beispielen auf eigene Erlebnisse bezogen. Das liegt daran, dass ich bei Rückschlägen einen reichen Erfahrungsschatz zur Verfügung habe, weshalb mir das nicht schwerfällt. Die Erfahrungen sind deshalb mit einem Schatz vergleichbar, da auch alle durch Misserfolge entstandenen Probleme von mir selbst gelöst werden mussten. Das klingt jetzt klischeehaft, wenn ich sage, dass ich eher aus ärmlichen Verhältnissen komme. Wobei das gar nicht so klischeehaft ist: Eine bekannte Wirtschaftspsychologin aus Österreich hat im Zuge ihrer Doktorarbeit die sozialen Umfelder von Top-Managern und erfolgreichen Unternehmern untersucht und festgestellt, dass ein Großteil dieser Persönlichkeiten ihre Antriebskraft daraus schöpfte, dass sie den ärmlichen Verhältnissen von zu Hause entfliehen wollten. So ungewöhnlich ist das also gar nicht. In meinem Fall möchte ich festhalten, dass ich von meinen Eltern alles bekommen habe, was wichtig ist: Liebe, Anerkennung, Stolz – und Eigenverantwortlichkeit! Finanzielle Zuwendungen wären ohnehin nicht möglich gewesen. Ob es um den Führerschein, die erste Wohnung

oder eben um die Bewältigung von Problemen durch diverse unternehme-
rische Projekte ging, ich musste mir immer selbst etwas einfallen lassen,
wie ich das hinbekomme.

Ich denke, dass wir uns nun genug mit Misserfolgen und Rückschlägen
beschäftigt haben. Ich halte das auch für wichtig, selbst wenn es angeneh-
mere Dinge zu lesen gibt. Ich hoffe auch, dass Sie durch diese Anregungen
eine andere Einstellung zu negativen Erfahrungen gewonnen haben und
damit in Zukunft besser umgehen werden. Ein gutes Misserfolgsmanage-
ment zählt auch für erfolgreiche Persönlichkeiten zu den wesentlichen
Qualifikationen!

Umgang mit Erfolg

Nun möchte ich mich einem vielleicht ungewöhnlichen Thema widmen.
Nämlich dem Umgang mit Erfolg. Ob Ihr Erfolg bereits da ist oder erst in
Zukunft kommt, der Umgang damit ist für Ihre Lebensqualität genauso entscheidend wie die Fähigkeit mit Misserfolgen umzugehen. Erst wenn Sie zu
Ihren Erfolgen stehen können, fühlt sich Erfolg wirklich gut an. Das klingt
kaum vorstellbar, nicht zu seinem Erfolg stehen zu können. Jedoch trifft
das auf rund fünfzig Prozent aller Menschen zu, dass sie ihren Erfolg nicht
den persönlichen Qualifikationen zuschreiben, sondern dem Zufall, Glück
oder anderen Menschen. In der Psychologie spricht man seit den 1970er-
Jahren bei diesem Phänomen vom sogenannten Hochstaplersyndrom.

„Das war doch nur Glück!". Was sich wie Bescheidenheit anhört, kann
auch etwas ganz anderes sein, nämlich das Hochstaplersyndrom. Dieses
tritt häufig in Bereichen auf, in denen es um souveränes und selbstsicheres
Auftreten geht. Besonders häufig sind Frauen davon betroffen. Kennen Sie
diese Situation: Sie haben ein Projekt oder eine Aufgabe erfolgreich abge-
schlossen und nun werden Sie gelobt und beglückwünscht. Sie freuen sich

zwar, haben aber das Gefühl, dass alle übertreiben und Sie doch eigentlich gar nichts Besonderes gemacht haben?

Eine angemessene Reaktion wäre: „Das habe ich verdient." Denn gesunder Stolz und Selbstbewusstsein sind häufig zu dünn gesät. Das Gegenteil davon ist gar nicht so selten. Im Gegensatz zu realen Hochstaplern, die z. B. ihre akademischen Grade erschwindelt, vorgetäuscht oder käuflich erworben haben, haben Menschen mit dem Hochstaplersyndrom nur das Gefühl von Hochstapelei. Ihre Erfolge und Positionen, die sie innehaben, sind formal und rechtlich korrekt, sie haben aber trotzdem das Gefühl, dass es nicht Ihre Fähigkeiten waren, die sie dort hingeführt haben. Dieses mangelnde Selbstwertgefühl ist damit gekoppelt, beruflichen Erfolg mehr dem Zufall und Glück zuzuschreiben als dem eigenen Intellekt und der eigenen Leistung.

Woran erkennt man Menschen, die unter dem Hochstaplersyndrom leiden? Häufig handelt es sich um beliebte, zurückhaltende Personen, die nicht gerne im Mittelpunkt stehen. Sie sind unauffällig, aber oft geht ohne sie gar nichts. Sie übernehmen gerne Herausforderungen, da sie Angst haben, Liebe und Anerkennung von anderen Menschen zu verlieren. Sie haben oft die Überzeugung, Liebe nur für besondere Leistung zu erhalten. Es fällt ihnen allerdings schwer, erreichte Erfolge zu genießen und zu feiern. Diese Symptome können in großer Angst und Depression gipfeln. Manchmal sind die Opfer völlig hilflos und ohne Hoffnung. Sie haben das Gefühl, nie gut genug zu sein. Diese Zweifel und Empfindungen halten sie aus Scham geheim.

Menschen, die am Hochstaplersyndrom leiden, sind nicht psychisch krank, sondern in der Regel völlig normal. Studien haben gezeigt, dass jeder Zweite Hochstaplergefühle kennt. Sehr häufig tritt das Syndrom in Berufsgruppen auf, in denen es um souveränes, selbstsicheres Auftreten geht. Außerdem hat sich gezeigt, dass Frauen nach den Ergebnissen der meisten Untersuchungen häufiger betroffen sind als Männer.

Was immer Frauen tun – sie müssen es
zweimal besser tun als Männer,
damit man sie für halb so gut hält.
Glücklicherweise ist das nicht allzu schwer.

(Charlotte Whitton)

Drei einfache Mentaltechniken, die beim Hochstaplersyndrom hilfreich sein können:

1. Seien Sie stolz auf Ihre Leistung. Neid muss man sich erarbeiten, Mitleid bekommt man geschenkt. Sagen Sie sich bei erreichten Erfolgen laut und immer wieder: "Dieses Ergebnis verdanke ich allein mir und meinen Fähigkeiten!". Sobald Sie das wirklich glauben, sagen Sie genau diesen Satz auch zu anderen.
2. Beziehen Sie nicht alles auf sich. Nicht alles, was Sie an Kritik bekommen, hat die Ursache in Ihrer Leistung. Vielleicht hat der Kritiker gerade Ärger gehabt oder er ist mit dem linken Fuß aufgestanden.
3. Wenn Sie öfters den Gedanken haben, dass Sie bald als Hochstapler auffliegen, legen Sie sich vorab Alternativgedanken für diese Situationen zurecht, wie z. B.:
"Ich bin kompetenter als viele Kollegen."
"Ich bin hier einer der besten Mitarbeiter."
"Ich bin hier genau am richtigen Platz."

Ersetzen Sie im entscheidenden Moment den störenden Gedanken durch diese Alternative.
Wenden wir uns wieder den positiven Aspekten von Veränderungen und Erfolgen zu. Sie halten dieses Buch in Händen, weil Sie mehr ins Tun

107

kommen möchten, weil Aufschieben keine Option mehr sein soll. Vermutlich haben Sie schon eine konkrete Vorstellung, wo genau Sie konsequenter handeln wollen, wo Sie etwas wagen möchten, wo Sie etwas erreichen wollen und durch was Sie Ihrem Leben einen neuen Schwung, eine neue Qualität geben möchten.

Wie Sie über sich und Ihre Zukunft denken ist entscheidend dafür, was Sie tatsächlich in Angriff nehmen. Ihr Selbstbild und Ihre Zukunftspläne sind der Treibstoff für Ihr Leben. Autos benötigen Treibstoff zum Fahren. Wir Menschen benötigen die richtigen Gedanken für ein gelingendes Leben. Autos bekommen ihre Ressource bei der Tankstelle. Wir bekommen unseren Treibstoff aus dem Gehirn. Bücher, Seminare, Vorträge, Coachings usw. haben den Zweck, den Zugang zu diesen Zapfsäulen zu finden. Ein Auto fährt jedoch nicht, nur weil es vollgetankt ist. Auch wir erreichen keine Ziele, nur weil wir über viel Wissen und bestärkende Gedanken verfügen. Zündung, Gang, Gaspedal, Richtung wählen – all das sind Handlungen, die auch in unseren Leben erst Veränderungen und Verbesserungen möglich machen. Diese Handlungen müssen wir eigenständig durchführen. Dieses Buch ist kein Taxi, das Sie in gewünschte Situationen bringen kann. Dieses Buch soll Sie ermutigen, den Zündschlüssel selbst zu drehen.

Wie wir nun wissen, kann es unterwegs ganz schön holprig werden. Manchmal kommen auch Zweifel auf, ob das Fahrzeug gut genug ist oder das Ziel nicht doch zu weit weg ist. Diese Metapher eignet sich gut, immer am Ball zu bleiben. Denn ein Fahrzeug bleibt meistens nur dann stehen, wenn der Tank leer ist. Und für Ihren persönlichen Treibstoff benötigen Sie die richtigen Gedanken, sprich mentale Stärke. Ihre Überzeugtheit von sich selbst und Ihren Fähigkeiten werden dabei zu Tankstellen, die Sie ständig begleiten und immer wieder genügend Treibstoff für das Weiterkommen anbieten.

Im nächsten Kapitel beschäftigen wir uns mit einer speziellen Frage, die Ihnen unterwegs beim Auftanken behilflich sein wird:

Miss Erfolg

VI.

Warum nicht?

Hand aufs Herz. Wie oft haben Sie beim Lesen dieses Buches bisher „Ja, aber ..." gedacht und wie oft „Warum nicht ..."?

„Ja aber" ist der Versuch, sofort Argumente gegen eine Sache zu finden. Mit „Warum nicht" geben Sie der Sache zumindest eine Chance. Ich möchte, dass Sie in diesem Kapitel zu einem „Warum nicht-Typ" werden. Zu Beginn ist es hilfreich, sich selbst zu beobachten. Wie stehen Sie zu Ihren Ideen und Plänen? Wie stehen Sie zu den Ideen und Plänen anderer Menschen? Meistens kommt spontan eine der genannten Antworten, entweder gedanklich oder auch ausgesprochen. Meistens kommt: Ja, aber ...

Sie haben immer Recht

Man kann für jedes Projekt, für jedes Vorhaben, für jede Idee Gründe finden, die dafür sprechen. Genauso findet man auch Gründe, die dagegen sprechen. Beides ist immer vorhanden. Was wir zuerst sehen, ist abhängig davon, mit welcher Brille wir durchs Leben gehen. Ist es eher eine destruktive oder eine konstruktive Brille? Diese Brille formt sich im Laufe der Zeit durch unsere Aufmerksamkeit. Was man sehen will, das findet man. Ob zuerst die Brille da war und sich dadurch eine bestimmte Aufmerksamkeit entwickelt hat, oder ob wir die Aufmerksamkeit zuerst wählten und sich dann die Brille entwickelte, kann nicht beantwortet werden. Genauso wie wir nicht wissen, ob zuerst die Henne oder das Ei dagewesen ist. Es ist auch nicht von großer Bedeutung. Wirklich wichtig ist, welche Entscheidung Sie ab jetzt treffen. Was möchten Sie ab sofort sehen? Chancen oder Schwierigkeiten?

Henry Ford hat es auf den Punkt gebracht:

Ob du denkst, du kannst es oder nicht:
Du wirst auf jeden Fall Recht behalten.

Das soll jetzt keine Aufforderung für ein plumpes Positivdenken sein. Sich einfach nur einzureden, dass man etwas kann, bringt gar nichts. Der Glaube an sich selbst und seine Fähigkeiten wird erst dann zu einer Kraftquelle, wenn man Gründe und Argumente aufzählen kann, warum etwas gelingen wird. Ein Beispiel aus dem Sport: Sich zu sagen, dass man den Marathon schaffen wird, klingt zwar gut, ist aber zu wenig. Sich jedoch zu sagen, dass man diesen Marathon schaffen wird, weil man einen bestimmten Trainingsplan umgesetzt hat, weil man physisch gut drauf ist, weil Herr X und Frau Y es auch geschafft hat, weil ich mir Zeit lassen kann beim Laufen, weil ich unterwegs gut verpflegt werde mit Getränken und Snacks, weil ich zwischendurch einfach gehe, wenn es sein muss, und vieles mehr. Bei der Aufzählung von Gründen gibt man dem Glauben an sich selbst ein Fundament, damit eben dieser Glaube auch in kritischen Momenten stabil bleiben kann. Ohne Gründe gerät man sehr leicht in einen inneren Konflikt. Ich kann mir viel einreden. Aber ohne Argumente, mit denen ich mich selbst überzeugen kann, beginnt dieser Glaube zu bröckeln, noch bevor es überhaupt losgeht. Unser Unterbewusstsein will überzeugt werden, erst dann kann es zur Kraftquelle werden. Ein innerer Konflikt macht sich bemerkbar, wenn ein unangenehmes Bauchgefühl Widerstand meldet und nicht einverstanden ist mit unserem Positivdenken. Wenn aber darüber hinaus Gründe geliefert werden, kommt kein Widerstand, sondern Unterstützung. Dann verfügen Sie über einen ehrlichen Glauben an sich selbst und können dadurch einen viel größeren Teil Ihres Potenzials nutzen. Dies könnte auch erklären, warum reine Positivdenker häufig enttäuscht werden. Mit diesem positiv denken werden dann nur innere Gegenargumente für eine bestimmte Sache unterdrückt, was unserem Unterbewusstsein aber egal ist, ob wir das im Kopf zulassen oder nicht. Besser ist es also, diese Gegenargumente zu entkräften und mit Gründen zu ersetzen, die für das Gelingen sprechen. Dadurch bekommt positives Denken erst eine unterstützende Qualität.

Vergleichen Sie Ihre Überzeugung mit einer Tischplatte. Die Begründungen werden zu Tischbeinen, damit die Überzeugung stabil bleibt.

Nun kann es aber sein, dass einem keine Gründe einfallen, warum man bestimmten Herausforderungen gewachsen sein wird. Das heißt aber noch lange nicht, dass es diese nicht gibt. Gerade wenn es um persönliche Ressourcen wie Talente, Begabungen und Fähigkeiten geht, wissen sogar die Wenigsten, was die eigene Persönlichkeit auszeichnet. Aber speziell diese persönlichen Stärken sind das Repertoire an den sogenannten Gründen, warum etwas gelingen kann. Dieses Potenzial sollte unseren Überzeugungen ein starkes Fundament geben, damit wir zu jeder Zeit an uns glauben können und zwar ohne inneren Konflikt. Wenn ich Sie nun frage, ob Sie mir spontan fünf bis zehn persönliche Stärken aufzählen können, was würden Sie antworten? Viele Einzelcoachings beginne ich mit dieser Übung und meistens löse ich damit verwunderte Blicke aus. „Ich und so viele Stärken??" heißt es dann. Die Klienten wissen zu dem Zeitpunkt noch nicht, dass sie in den nächsten Wochen sogar zwanzig bis dreißig persönliche Stärken kennenlernen werden. Aber zurück zu Ihnen: Wie sieht es aus, mit Ihrem Stärkenbewusstsein? Da wir uns nicht gegenübersitzen, habe ich wenige Möglichkeiten, Ihren Zugang zu Ihren Stärken durch einige Ideen von mir zu erleichtern. Das Einzige was ich von Ihnen weiß, ist, dass Sie dieses Buch noch immer lesen. Wie schon erwähnt, wird nur ein Bruchteil aller gekauften Bücher weiter als bis zur Seite zwanzig gelesen. Somit zählen Sie bereits zu den ausdauernden und konsequenteren Lesern. Könnten dies vielleicht erste Hinweise zu einer Ihrer Stärken sein? Dass Sie überhaupt an diesem Thema interessiert sind, setzt ein gewisses Maß an Ehrgeiz voraus. Ohne dem Gefühl etwas erreichen zu wollen, hätten Sie dieses Buch wahrscheinlich schon längst wieder weggelegt oder nie in die Hand genommen.

Eigenlob stimmt

Wie geht es Ihnen dabei, wenn Sie über Ihre eigenen Stärken nachdenken sollen? Kommt Ihnen vielleicht ein „Eigenlob stinkt" in den Sinn? Gelernt haben wir es ja so. Zu Recht? Was ist denn verkehrt daran, seine Stärken und Begabungen zu kennen und diese auch zu kommunizieren? Aus falscher Bescheidenheit macht man sich kleiner als man ist, um bloß niemanden in Verlegenheit zu bringen oder gar als Angeber zu gelten. Lieber macht man sich abhängig von Fremdlob: Nur wenn der Chef, der Kunde oder der Partner lobt, weiß man, dass man die Sache gut gemacht hat. Wie wir bereits erfahren haben, sind es leider vor allem Frauen, die die eigene Leistung relativieren und herunterspielen. Selbstlob bedeutet aber nicht, anderen ständig die eigenen Vorzüge unter die Nase zu reiben und dafür Zustimmung zu erwarten. Das wäre wieder nur ein Versuch Fremdlob zu bekommen. Echtes Selbstlob macht unabhängig und steigert den Selbstwert. Daraus schöpft man mehr Kraft als bei gelegentlichem Lob von außen.

Bei der Gelegenheit möchte ich Ihnen eine Rede von Nelson Mandela aus dem Jahre 1994 nicht vorenthalten. Auch wenn Sie diese Rede vielleicht schon das eine oder andere Mal wo gelesen haben, gehört sie einfach zu diesem Thema. Außerdem ist die Mutter des Erfolgs die Wiederholung. Falls ich Sie noch nicht überzeugen konnte, zu Ihren persönlichen Qualitäten zu stehen, gelingt es vielleicht damit:

> *Unsere tiefste Angst ist nicht,*
> *dass wir unzulänglich sind,*
> *unsere tiefste Angst ist, dass wir unermeßlich machtvoll*
> *sind.*
> *Es ist unser Licht, das wir fürchten, nicht unsere Dunkelheit.*
> *Wir fragen uns: „Wer bin ich eigentlich, dass ich leuchtend,*
> *hinreißend, begnadet und phantastisch sein darf?"*
> *Wer bist du denn, es nicht zu sein?*
> *Du bist ein Kind Gottes.*
> *Wenn du dich klein machst, dient das der Welt nicht.*
> *Es hat nichts mit Erleuchtung zu tun, wenn du schrumpfst,*
> *damit andere um dich herum sich nicht verunsichert fühlen.*
> *Wir wurden geboren,*
> *um die Herrlichkeit Gottes zu verwirklichen, die in uns ist.*
> *Sie ist nicht nur in einigen von uns:*
> *Sie ist in jedem Menschen.*
> *Und wenn wir unser eigenes Licht erstrahlen lassen wollen,*
> *geben wir unbewusst anderen Menschen die Erlaubnis,*
> *dasselbe zu tun.*
> *Wenn wir uns von unserer eigenen Angst befreit haben,*
> *wird unsere Gegenwart ohne unser Zutun andere befreien.*
>
> *(Nelson Mandela, 1994)*

115

Bewusstwerdung der Stärken

Ich möchte Sie nun einladen, aus diesen Überlegungen eine systematische Übung zu machen, die sich über mehrere Wochen erstreckt und sehr angenehm ist. Dazu benötigen Sie ein Notizbuch, idealerweise im Format A6, damit Sie es immer bei sich tragen können. Es ist natürlich in Ordnung, wenn Sie erst mal weiter lesen und eventuell später diese Übung beginnen. Der erste Schritt ist, Brainstorming über die eigenen Talente und Begabungen zu betreiben. Folgende Fragen können dafür hilfreich sein: Bei welchen Tätigkeiten habe ich die größte Freude? Was fällt mir besonders leicht? Wo war ich in der Schule besonders gut? Welche Hobbys habe ich? Hier sollten Ihnen locker fünf Eigenschaften einfallen. Vielleicht haben Sie nicht gleich das Gefühl, dass Ihnen etwas einfällt. Dann denken Sie vielleicht noch zu kompliziert und betrachten manche Ihrer Eigenschaften nicht als Talente. Die eigenen Talente kommen Ihnen vielleicht selbstverständlich vor. Vergleichen Sie sich dann mit anderen, so werden Sie merken, dass vieles nicht selbstverständlich ist. Zum Beispiel Pünktlichkeit, Ehrlichkeit, Zuverlässigkeit, Ehrgeiz und so weiter. Dies nur als Beispiele. Wenn Sie einige Eigenschaften aufgelistet haben, überlegen Sie, wer in Ihrem persönlichen Umfeld Ideen haben könnte, was Sie als Persönlichkeit ausmacht. Der Partner, die Familienmitglieder, Freunde und Kollegen beispielsweise. Finden Sie ein paar Menschen, zu denen Sie mit dieser Übung gehen können und fragen, welche Talente Sie aus deren Sicht haben. Sie werden erstaunt sein, welche Eigenschaften da genannt werden. Damit ergänzen Sie wieder Ihre Liste. Nehmen Sie sich zwei bis drei Tage Zeit, um diese Liste mit eigenen Ideen und den Einfällen anderer Menschen zu vervollständigen.

Ich bin überzeugt, dass Sie mindestens zehn Eigenschaften auf Ihrer Liste stehen haben. Im nächsten Schritt geben Sie dieser Liste eine zusätzliche Qualität. Sie notieren auf den Folgeseiten Ihres Notizbuches täglich am Abend zwei Ereignisse, die Ihnen gut gelungen sind. Es müssen keine spektakulären Ereignisse sein. Zum Termin pünktlich erschienen, ein produktives Gespräch geführt, eine wichtige Entscheidung getroffen, jemandem weitergeholfen, das alles wären bereits gelungene Ereignisse. Anfangs fallen Ihnen solche Dinge vielleicht gar nicht auf und sie vergessen sie bis am Abend. Da kann es hilfreich sein, wenn Sie das Notizbuch bei sich tragen, um sofort einen Eintrag zu machen. Nach einigen Tagen schärfen Sie durch diese Übung aber ohnehin Ihre Aufmerksamkeit und ständig sehen Sie plötzlich Ereignisse, die Ihnen gelingen. Im mentalen Training sprechen wir durch diese fokussierte Aufmerksamkeit von einer selektiven Wahrnehmung, die in Ihnen entsteht. So wie Sie nur noch Schwangere sehen, wenn das für Sie ein Thema ist, sehen Sie in diesem Fall eben nur noch Ihre gelungenen Ereignisse, wenn Sie sich damit beschäftigen. Aber die Übung geht weiter: Sie notieren nicht nur täglich zwei Ereignisse, sondern überlegen auch, durch welche Ihrer Stärken Ihnen diese Situationen gelungen sind. Dazu betrachten Sie die zuvor erstellte Liste mit Ihren Talenten und wählen etwas Passendes aus. Zusätzlich werden Sie durch diese Sammlung von gelungenen Ereignissen aber auch noch auf weitere Talente und Stärken kommen, die in der Liste noch nicht vorkommen. Die Liste ergänzen Sie dann damit.

Durch diese Kombination, nämlich sich seiner Stärken bewusst zu werden und dann im Alltag aufzuspüren, kommen Sie mit Ihrem Potenzial in Kontakt und steigern dadurch Ihr Selbstvertrauen für größere Aufgaben und Herausforderungen. Der Glaube an sich selbst ist dann keine leere Phrase, sondern wird tagtäglich durch kleine und größere Ereignisse bestätigt. Nach einigen Wochen werden Sie wahrscheinlich feststellen, dass sich manche Stärken immer wieder wiederholen. In Ihren alltäglichen gelungenen Situationen kristallisieren sich ein paar dieser Stärken heraus. Dem, was Sie als Persönlichkeit ausmacht, wo Ihr größtes Potenzial liegt, kommen Sie dann immer mehr auf die Spur. Und nach dieser Form der Selbsterkenntnis brauchen Sie eine große Portion Ehrlichkeit zu sich selbst. Dann fragen Sie sich nämlich, ob Sie aus diesem Potenzial wirklich schon das Bestmögliche machen, oder ob Sie bisher nur so viel davon ausschöpften, um sich einigermaßen gut in der Komfortzone zu halten. Wenn Sie bereits darüber hinaus aktiv sind, zählen Sie zu einer Minderheit. Weiter so!

Kraft der Worte

Die Beschäftigung mit den eigenen Stärken hat auch einen weiteren Effekt. Da Sie sich bei dieser Notizbuch-Übung mit Wörtern beschäftigen, regen Sie dadurch Ihre kognitiven Fähigkeiten an. Zu den kognitiven Fähigkeiten zählt unter anderem der aktive Wortschatz. Damit ist das Repertoire an Wörtern gemeint, das Sie tatsächlich nutzen. Im Gegensatz dazu gibt es auch den passiven Wortschatz. Dieser umfasst all jene Wörter, die Sie theoretisch kennen. Zum Beispiel beim Durchblättern eines Wörterbuches. Es ist kein Zufall, welche Wörter sich mit der Zeit im Repertoire des aktiven Wortschatzes sammeln und dort bleiben. Bei jedem Menschen ist das anders und ist mitunter von der eigenen Gefühlswelt abhängig. Bei den meisten Menschen passt sich der aktive Wortschatz den erlebten Gefühlen an, die beispielsweise in Familien, Schulen und anderen Gemeinschaften vorhanden waren und sind. Die gehörten und gelesenen Wörter spielen natürlich auch eine Rolle und sind meistens ebenfalls ein Resultat der Gemeinschaft, in der man sich bewegt. Die verwendeten Wörter stehen also in einer Wechselbeziehung zu den Gefühlen und dadurch auch in Beziehung zu unserer mentalen Verfassung. Die schriftliche Auseinandersetzung mit Ihren Stärken dient also auch als zusätzliche Unterstützung für die Belebung dieser Fähigkeiten. Wenn Sie Ihren Wortschatz bewusst um diese Begriffe erweitern, schöpfen Sie daraus Antriebskraft und Motivation für die Umsetzung dieser Eigenschaften. Wortschatzübungen sind ergänzend zu dieser Notizbuch-Methode eine zusätzliche Möglichkeit, seine persönlichen Stärken noch mehr im Bewusstsein zu verankern. In meinen Coachings hat sich als besonders beliebt das Anagramm erwiesen. Dabei wählen Sie jede Woche eine Ihrer gesammelten Stärken aus dem Notizbuch und schreiben die Buchstaben untereinander. Oberhalb platzie-

ren Sie eine bestärkende und zu Ihren Bedürfnissen passende Frage. Pro
Buchstabe aus dem Wort suchen Sie dann eine Antwort.

Hier ein Beispiel mit dem Wort Konsequent:
Frage: Was zeichnet mich als Persönlichkeit aus?

K
O
N
S
E
Q
U
E
N
T

Mit jedem Buchstaben eine Antwort. Diese Frage dient der weiteren Findung von individuellen Persönlichkeitsmerkmalen. Sie könnten aber auch
die Frage stellen, welche Wünsche Sie in den nächsten zwei Jahren erfüllt
haben möchten, um in diesem Bereich Klarheit zu bekommen. Die Möglichkeiten und Themen sind vielfältig. Wortschatzübungen haben im mentalen Training hauptsächlich den Grund, sich mit bestärkenden Fragen und
Begriffen zu beschäftigen. Dies hat auf uns eine suggestive Wirkung und die
Bedeutung dieser Wörter löst entsprechende Gefühle aus, die sich positiv
auf unsere Tatkraft oder auch andere gewünschte Eigenschaften auswirken.
Letztendlich geht es darum, dass wir uns mit diesen Übungen zwingen, sich
mit uns und unseren bestärkenden Gedanken zu beschäftigen.

Sie können durch Wortschatzübungen auch andere Begriffe verwenden,
die noch nicht auf Ihrer Stärken-Liste stehen. Viele Menschen wollen beispielsweise begeisterungsfähig sein. Das Wort Begeisterung wurde von

denselben Menschen zum Teil schon Monate, wenn nicht sogar Jahre nicht mehr ausgesprochen. Wie wir sein wollen, muss zu dem passen, wie wir sprechen. Die Sprache ist der Ausdruck unserer Gedanken. Die Gedanken sind die Grundlage dessen, was und wie wir sind. Somit sollten wir unseren aktiven Wortschatz nicht dem Zufall überlassen, sondern selbst aktiv eingreifen. Auch Gefühle wie Geborgenheit, Enthusiasmus oder Liebe wollen wir empfinden. In unserer Sprache haben diese Wörter aber kaum einen Platz. Bei Vorträgen mache ich deshalb oft die Übung, dass ich einige dieser ressourcenvollen Wörter auf ein Flipchart schreibe und die Zuhörer einlade, mit vier dieser Wörter einen Satz zu bilden, der zum eigenen Leben passt. Da wird dann erst mal gegrübelt. Und wenn die Teilnehmer ihren Satz dann auch noch ihrem Sitznachbarn vorlesen müssen, dann kommen einige schon ganz schön in Verlegenheit. Mit diesen Übungen möchte ich die Hemmschwelle senken, kraftvolle und gefühlsbetonte Wörter auszusprechen. Mit der Unterdrückung von Wörtern, unterdrücken wir auch die Ressourcen, die dahinter stecken. Eine offene und ressourcenvolle Sprache, eine Sprache, die diese Wörter zulässt, mobilisiert somit Potenzial, das wir für die Erreichung unserer Ziele und für das Bewältigen von Herausforderungen benötigen. Wenn Sie sich auf die Übung einlassen und Ihre Sprache mit kraftvollen Wörtern ergänzen, werden Sie schnell feststellen, dass Sie damit eine innere Quelle am Sprudeln halten und Motivation für konsequente Handlungen zur Verfügung haben.

Talente als Schicksal

Wir beschäftigen uns in diesem Kapitel weiterhin mit der Frage „Warum nicht?". Ziel ist es, dass Sie nach diesem Kapitel keine Antwort mehr auf diese Frage finden wollen, sondern zu jeder Zeit spontan Dinge aufzählen können, die für das Gelingen Ihres persönlichen Anliegens sprechen. Der Glaube an sich selbst, kombiniert mit den persönlichen Stärken, die durch eine bewusstere Sprache noch weiter entfaltet werden können, war ein erster Ansatz. Nun möchte ich Sie einladen, mit mir gemeinsam über den Zweck unserer Talente nachzudenken. Wie wir unsere Talente ergründen und in unser Bewusstsein holen, haben wir soeben kennengelernt. Ich hoffe, dass Sie viel Freude mit Ihrem Notizbuch haben werden. Aber neben der Vielfalt unserer Talente sollte aus meiner Sicht auch thematisiert werden, warum es überhaupt so etwas wie Talente und Begabungen gibt. Noch dazu so individuelle. Warum können Sie etwas anderes als ich? Ist es Zufall, dass manche dies und andere das besser können? Ist der Zweck von Talenten wirklich nur die Überlebenssicherung unserer Spezies? In dem Sinne, dass durch die Vielfalt unserer unterschiedlichen Begabungen wir als Gemeinschaft überleben können. Ich glaube, das wäre zu kurz gegriffen. Ich glaube, unsere Begabungen haben nicht nur den Sinn, dass wir unser Überleben sichern, sondern dass wir damit in der Lage sind, ein bestmögliches Leben führen zu können. Leben statt überleben. Und zwar unter dem Einsatz unserer gesamten Fähigkeiten. „All out" ist das Kommando im Triathlon, wenn jede Kraftreserve abgerufen wird. „All out" sollten wir auch in Bezug auf unsere Begabungen praktizieren. Nur dass dieses Potenzial niemals leer werden kann, sondern sogar noch zunimmt. Abhängig von unseren Erfahrungen und Wünschen steigern wir unsere Fähigkeiten so weit, wie wir es uns vorstellen können. Es müsste also „All in" heißen, wenn man es genau nimmt und diesem wunderschönen Zitat gerecht werden möchte:

> *Unsere Wünsche sind Vorgefühle*
> *der Fähigkeiten, die in uns liegen, Vorboten desjenigen,*
> *was wir zu leisten imstande sein werden.*
> *Was wir können und möchten, stellt sich unserer*
> *Einbildungskraft außer uns und in der Zukunft dar;*
> *wir fühlen eine Sehnsucht nach dem,*
> *was wir schon im Stillen besitzen. So verwandelt ein leidenschaftliches Vorausgreifen das wahrhaft Mögliche in ein erträumtes Wirkliches.*
>
> *(Johann Wolfgang von Goethe)*

Talente sind ein Schatz, der erst durch die Anwendung an Wert gewinnt. Viele Menschen betrachten ihre Talente nur als Angebot, nicht als Auftrag. So wie wenn man Weihnachtsgeschenke zwar annimmt, aber nie auspackt. Ich sehe es als klaren Auftrag, dass man mit dem vorhandenen Potenzial auch etwas leisten sollte. Nicht nur, um selbst damit erfolgreich zu sein. Wie schon in einem früheren Kapitel erwähnt, ist es auch für viele andere Menschen von Vorteil, wenn es einem selbst gut geht. Auch wir profitieren ja tagtäglich vom Fortschritt in allen möglichen Bereichen, der auf Menschen zurückzuführen ist, die aus ihren Fähigkeiten etwas machen. Ich sehe Talente als Vorschuss vom Leben. Jeder hat diesen Vorschuss bekommen. Jetzt sind wir an der Reihe etwas zurückzugeben, etwas in das Leben einzubringen damit. Dann kommt auch vom Leben wieder etwas zurück. Manche bleiben aber ständig in der Konsumhaltung und schimpfen dann, dass das Leben so ungerecht ist. Ich sehe es aber nicht als Auftrag, ausschließlich seine Talente als richtungsweisend zu betrachten. Natürlich sind Talente eine Orientierungshilfe, auf welchen Bereich man seinen Fokus richten sollte. Aber nicht immer sind die Talentiertesten diejenigen, die am weitesten kommen. Gerade im Sport und sicher auch in anderen Bereichen ist oft zu beobachten, dass die Talentierten zwar recht schnell ein gewisses Leistungsniveau erreichen, aber zu einem späteren Zeitpunkt von anderen überholt werden. Und zwar von jenen mit dem größten Willen und dem größten Drang nach Erfolg. Deshalb sind unsere Wünsche, wie es auch Goethe so schön beschrieb, die Basis für neue Fähigkeiten. Selbst wenn diese Fähigkeiten nicht zu unseren Grundtalenten zählen, können sie durch unsere Wünsche Teil unseres Potenzials werden. Dadurch sind unsere Möglichkeiten nicht in Stein gemeißelt, sondern können in Kombination mit unseren Zielen und Wünschen ein Leben lang erweitert werden.

Walt Disney wird nachgesagt, dass er ein Träumer war. Angeblich hat er das Träumen sogar professionell betrieben. Ob bewusst oder unbewusst, er kommunizierte dabei sogar mit bestimmten inneren Anteilen, die auch wir in diesem Buch schon kennengelernt haben. Die Legende will es, dass er für die Inspiration neuer Projekte drei Stühle nebeneinander in einen Raum stellte. Auf dem ersten Stuhl war er der Träumer. Er schrieb dort alles auf, was ihm in den Sinn kam. Grenzen gab es auf diesem Stuhl keine. Auch wenn es nur Luftschlösser waren, alles wurde aufgeschrieben. Ob machbar oder nicht, auf diesem Stuhl wollte er der Fantasie freien Lauf lassen und Phantastisches kreieren. Dann nahm er auf dem nächsten Stuhl Platz. Dort gab er seinem inneren Kritiker seine Stimme. In der Rolle als Kritiker prüfte er das geplante Projekt, betrachtete all das, was der Träumer vorher notierte und stellte natürlich vieles in Frage und schrieb auf einem eigenen Blatt Papier, was aus seiner Sicht möglich ist und was nicht. Am dritten Stuhl wurde er zum Realisten. In dieser Rolle verglich er beide Blätter und überlegte, was tatsächlich vorstellbar wäre. Nicht alles, was der Träumer sich erdachte, aber bestimmt viel mehr, was der Kritiker meinte. Und so entstanden großartige Ideen und folglich auch Wünsche und Fähigkeiten, die vieles umsetzbar machten. Diese Übung findet auch im mentalen Training Anwendung. Denn manche Menschen denken nur aus der Perspektive des Kritikers oder nur aus der Sicht des Träumers. Beides führt meistens zu nichts. Erst durch den Rollentausch und die Einbindung des Realisten entstehen für den Kunden produktive Gedanken. Das steigert einen ehrlichen Glauben an sich selbst, identifiziert klare Wünsche und fördert dadurch das Entstehen neuer Fähigkeiten.

Vom Wunsch zum Bedürfnis

Nicht jeder kann sich alles wünschen. Auch hier gibt es, ähnlich wie bei den Talenten, individuelle Veranlagungen. Der eine sieht sich in seinen Vorstellungen in leitender Position eines großen Konzerns und ein anderer kann sich das gar nicht vorstellen, sondern sieht sich bei der Gartenarbeit im eigenen Haus im Grünen. Gut möglich, dass die Fähigkeit zu wünschen im weiteren Sinne auch mit unseren Talenten zusammenhängt. In jedem Fall sollten wir unsere Wünsche ernst nehmen. Unsere Wünsche sollten wir als Bedürfnisse betrachten. Dann fällt es uns vielleicht leichter, sie nicht zu ignorieren. Damit wir unsere Wünsche zu Bedürfnissen machen können, ist es hilfreich, wenn wir von einem bestmöglichen Leben ausgehen, das wir führen können. Wenn wir nur vom Mittelmaß ausgehen, ist ein Wunsch bloß eine weitere Option, aber nicht unbedingt notwendig. Ausgehend vom bestmöglichen Leben wird ein Wunsch zu einem absoluten Bedürfnis. Wenn es um unsere Gesundheit geht, gehen wir auch vom bestmöglichen Zustand aus. Nämlich, dass alles funktioniert und wir vital sind. Was wir vorsorglich dafür bereit sind zu tun und was nicht, ist eine andere Frage. Aber ganz sicher wollen wir den Idealzustand wieder herstellen, wenn durch eine Verletzung oder eine Krankheit etwas nicht mehr funktioniert. Dann sind wir in der Regel bereit, alles zu tun, damit wir diesem Gesundheitsbedürfnis nachkommen. Und so sollten wir das auch mit unserem Leben und unseren Wünschen betrachten. Wenn ein Wunsch immer wieder kommt, dann sollten wir diesen Wunsch zu einem Bedürfnis machen, um durch die Erfüllung unser Leben zu vervollständigen, sprich den Idealzustand zu erreichen.

Für die eigene Wunschklarheit kann es auch hilfreich sein, die Motivation dahinter zu prüfen. Wünsche schöpfen ihre Kraft aus zwei verschiedenen Richtungen: Entweder will dieser Wunsch Sie von etwas wegbewegen oder Sie auf etwas zubewegen. Beispielsweise kann es sein, dass man möglichst viel Geld anhäufen möchte, damit man bloß nicht in ärmliche Verhältnisse abrutscht. Ein solcher Wunsch kann mitunter entstehen, wenn man ärmliche Verhältnisse in seinem nahen Umfeld miterlebt und dadurch eine solche Situation unbedingt vermeiden möchte. Dann ist es ein Wegvon-Wunsch. Nämlich weg von Armut. Andere möchten vielleicht viel Geld verdienen, um damit die vielen Möglichkeiten des Lebens auszukosten und ein interessantes Leben führen zu können. Hier ist der Blick vorwärtsgewandt und es handelt sich um einen Hinzu-Wunsch. Nämlich hin zu einem interessanten Leben im Wohlstand. Ein Wunsch kann auch aus beiden Perspektiven entstehen. Welchen Hintergrund haben Ihre Wünsche? Wollen Sie sich damit von etwas weg- oder auf etwas zubewegen?

Aus psychologischem Standpunkt betrachtet, haben Hinzu-Wünsche mehr Chancen auf Erfüllung, da man stets die positiven Aspekte seines Wunsches vor Augen hat und dadurch mehr Energie für die Wunscherfüllung aufbringen kann. Es gibt aber auch andere Beispiele. Viele große Persönlichkeiten schöpften Kraft und Energie aus Angstvorstellungen, welche Konsequenzen Misserfolge haben könnten. Auch das kann eine immense Antriebskraft erzeugen. Ein banales Beispiel aus meiner Kindheit fällt mir dazu ein: Ich betrat einen Hof eines Bauernhauses und weiter vorne saß ein Hund, der mich beobachtete. Er war an einer Kette befestigt, die aber sehr lang war. Als ich mich ihm näherte, sprang er plötzlich auf und rannte auf mich zu. Ich bin weggelaufen, so schnell ich konnte und machte sogar schon ein Hohlkreuz, weil der Hund so nah herankam. Endlich war die Kette zu Ende, was für den Hund sehr unangenehm gewesen sein muss, dieses abrupte Ende. Jedenfalls bin ich mir sicher, dass ich niemals so schnell hätte laufen können, wenn es um einen Wettlauf mit Freunden um irgendeinen Gewinn gegangen wäre. Der Hund war eine Gefahr und löste eine Wegvon-Reaktion aus. Einen Wettlauf zu gewinnen, wäre auch schön, hätte aber nicht diesen Antrieb ausgelöst. So betrachte ich das auch mit dem Engagement für Wunscherfüllung. Grundsätzlich halte ich einen Hinzu-Wunsch für besser, weil es einfach ein angenehmeres Gefühl ist, sich auf etwas zuzubewegen. Aber wenn durch bestimmte Umstände ein starker Wegvon-Wunsch entsteht, kann dieser Wunsch sich genauso erfüllen. Die Frage ist dann eventuell noch, bei welchen Motiven ist man zufriedener? Ich denke da ist relativ klar, dass es im Normalfall der Hinzu-Wunsch ist, der in uns Zufriedenheit und Lebensfreude spürbar macht. Falls Sie erkannt haben, dass Sie sich bei Ihren Wünschen eher von etwas weg- als auf etwas zubewegen wollen, können Sie jederzeit trotzdem einen Hinzu-Wunsch daraus machen. Überlegen Sie einfach, auf was Sie sich automatisch zubewegen, während Sie sich von etwas wegbewegen wollen. Formulieren Sie dann Ihren Wunsch positiv und vorwärtsgewandt. Es kann gut sein, dass sich Ihr Wunsch dann besser anfühlt und mindestens gleich viel Engagement in Ihnen hervorruft. Hilfreich ist auch, sich diesen

Wunsch dann aufzuschreiben und immer wieder mal hineinzuspüren in dieses neue Motiv. Je nach Gefühl, das dabei entsteht, testen Sie damit, welche Variante die bessere für Sie ist. Eine solche Wunsch-Analyse ist auch wichtig, um die Verträglichkeit der eigenen Wünsche zu prüfen. Meistens haben wir ja nicht nur einen ganz großen Wunsch, sondern auch viele kleinere. Davon gibt's vermutlich ein paar Wegvon- und ein paar Hinzu-Wünsche. Hier gilt es dann herauszufinden, ob sich diese Wünsche gegenseitig unterstützen oder sogar im Weg stehen. Einen gewissen Wohlstand durch berufliche Karriere zu erreichen und gleichzeitig möglichst viel Freizeit genießen, wird innerhalb eines bestimmten Zeitrahmens schwierig sein. Genauso wie der Wunsch nach interessanten Auslandsjobs und gleichzeitiger Familienplanung. Wir tun uns dann schwer eine Entscheidung zu treffen, da wir nichts opfern wollen und möglichst lange viele Optionen behalten möchten. Eine bloße Option stellt aber auch nicht zufrieden und sich entscheiden ist nicht immer gleichzusetzen mit opfern. Durch Unschlüssigkeit vergehen kostbare Lebensjahre mit dem Ergebnis, dass kaum etwas wirklich erfüllt wird, weil man sich für nichts entschieden hat. Auch wenn man sich gegenwärtig für eine Sache entscheiden muss, wenn man an einer konkreten Wunscherfüllung arbeiten will, denke ich trotzdem, dass sich viele andere Bedürfnisse, die man momentan vielleicht unbeachtet lassen muss, auch später noch erfüllen lassen. Wenn Sie Ihre Wünsche betrachten, denken Sie auch dabei bitte wieder an Ihre inneren Anteile. Auch für jeden Ihrer Wünsche ist ein bestimmter Persönlichkeitsanteil zuständig. Immer wenn Sie sich in Situationen befinden, wo Sie sich entscheiden sollten, melden sich alle möglichen Anteile und verhindern Ihr Vorankommen. Prüfen Sie die Motive, machen Sie von Ihrem Stimmrecht Gebrauch und wählen Sie. Andere Wünsche wählen Sie dadurch aber nicht ab, sondern schließen Kompromisse, ordnen nach Priorität, Umsetzungsmöglichkeit in der Gegenwart und nach dem momentan besten Gefühl, das bei der Vorstellung dabei entsteht.

Lassen Sie sich nicht irritieren, wenn bei manchen Dingen eine gewisse Wehmut aufkommt, weil Sie nicht alles gleichzeitig machen können.

Dieses Gefühl kann schnell nachlassen und es ist gut möglich, dass es zu einem späteren Zeitpunkt noch gute Gelegenheiten gibt. Wenn Sie sich für eine Sache entscheiden und diese Sache mit voller Überzeugung und Tatkraft nachgehen, bereut man diese Entscheidung im Normalfall im Nachhinein nicht. Mit eigenem Engagement und Begeisterung beeinflussen Sie nämlich selbst, ob eine Entscheidung richtig oder falsch war.

Viel wichtiger für was Sie sich entscheiden, ist, dass Sie sich überhaupt entscheiden. Dadurch lösen Sie eine Blockade und geben Ihrem Leben Schwung. Viel mehr noch: Sie geben dadurch Ihrem Leben Sinn. Die Frage nach dem Sinn des Lebens beantworten Sie durch die Entscheidungen, die Sie treffen und die Wünsche, die Sie sich erfüllen.

> *Die Geschichte der Menschheit wurde noch nie durch den Zufall geschrieben, sondern immer durch Entscheidungen – Entscheidungen einzelner Menschen.*
>
> (Sir Winston Churchill)

Wenn Sie Ihre Wünsche auf Verträglichkeit geprüft haben und durch Entscheidungen geordnet haben, sollten Sie Ihre Wünsche noch auf zwei weitere Kriterien untersuchen: ob sie gut genug und groß genug sind. Mit gut genug meine ich, dass Sie durch die Erfüllung niemandem einen bewussten Schaden zufügen sollten. Das schlage ich nicht aus moralischen Gründen vor, das entscheiden Sie ohnehin für sich selbst. Aber bei negativen Absichten kommen Sie über kurz oder lang in einen inneren Konflikt, der zu einer hohen Unzufriedenheit führen kann und das Klima in Ihrem inneren Teileparlament massiv belastet.

Klotzen, nicht kleckern

Und es kommt doch auf die Größe an! Bei Wünschen jedenfalls mit Sicherheit. Zu kleine Wünsche entwickeln sich zu keiner Kraftquelle, aus der Motivation und Engagement fließen kann. Kleine Wünsche verlieren schnell an Attraktivität und können permanent durch andere kleine Wünsche ersetzt werden. Wie wir kennengelernt haben, ist bei erfolgsorientierten Menschen bereits der Weg das Ziel. Bei zu kleinen Wünschen entsteht kein Anreiz, sich auf den Weg zu machen. Der Wunsch muss bei Erfüllung einen deutlichen Unterschied zur gegenwärtigen Situation darstellen. Lieber ein bisschen zu groß als zu klein. Auch das haben wir bereits kennengelernt: Wie der Wunsch konkret erfüllt werden kann, muss zu Beginn noch nicht bis zum Ende durchgedacht werden können. Deshalb sollten Sie sich auch von großen Wünschen nicht abschrecken lassen. Mit welchem Schritt Sie anfangen, sollten Sie wissen. Das genügt. Was danach kommt, fragen Sie sich erst nach diesem ersten Schritt.

Bei großen Wünschen haben mögliche Probleme auch nicht eine solche Chance uns die Sicht zu verstellen und Kreativität für Lösungen zu blockieren. Bei kleinen Wünschen genügen kleine Probleme, um die Erfüllung unmöglich erscheinen zu lassen.

Angenommen Sie möchten mit Ihrem Produkt oder Ihrer Dienstleistung der Beste in Ihrer Stadt werden und es gibt da aber einen etablierten Mitbewerber, der seit Jahrzehnten der Platzhirsch in dieser Stadt ist. Dann erscheint dieses Problem im Vergleich zu Ihrem Wunsch nahezu übermächtig. Wenn Sie aber nicht nur in Ihrer Stadt, sondern in Ihrem Land der Beste werden wollen, dann verliert dieser Mitbewerber an Bedeutung für Ihren Wunsch. Dann beginnen Sie nämlich ganz anders zu denken und anders zu handeln. Dann haben Sie andere Ideen und Strategien als bei einem kleinen Ziel. Es wird natürlich auch einen Besten in Ihrem Land geben. Aber der Weg dorthin ist so lange, dass Sie sich trotzdem auf den Weg machen können. Bei kleinen Wünschen resigniert man schneller als bei Großen, wenn zu Beginn Hindernisse in Sichtweite sind.

Große Wünsche anvisieren hat nichts mit Größenwahn zu tun. Größenwahnsinnig ist man aus meiner Sicht dann, wenn man sich gegenwärtig als absolut mächtig und unerreichbar fühlt, obwohl das nicht zutrifft.

Aber große Wünsche erfüllen zu wollen, ist aus meiner Sicht eine lebensbejahende Haltung und ein Zeichen eines angemessenen Selbstbewusstseins. Große Ziele und Wünsche haben natürlich manchmal zur Folge, dass sie unerreicht bleiben. Jedoch haben sie dann immer noch den angenehmen Nebeneffekt, dass man viel weiter gekommen ist als bei kleinen Wünschen. Vielleicht wird man nicht der Beste im Land, aber zumindest der Fünftbeste oder der Beste im weiteren Umkreis. Vielleicht wird man nicht Geschäftsführer im Unternehmen, aber zumindest eine Top-Führungskraft. Vielleicht wird man nicht Weltmeister, aber mehrfacher Staatsmeister. Vielleicht bekommt man nicht das größte und modernste Haus, aber immer noch ein stattliches Eigenheim. Ich denke diese alternativen Ergebnisse sind dann trotzdem um einiges erfreulicher als die Erfüllung von kleinen Wünschen. Und damit man zumindest dort hinkommt, muss man ganz Großes wollen. Außerdem ist es gar nicht gesagt, dass sich kleine Wünsche leichter erfüllen lassen. Wenn man sich mit kleinen Wünschen beschäftigt, erscheinen kleine Probleme genauso unangenehm wie große Probleme bei großen Wünschen. Also auch bei kleinen Dingen

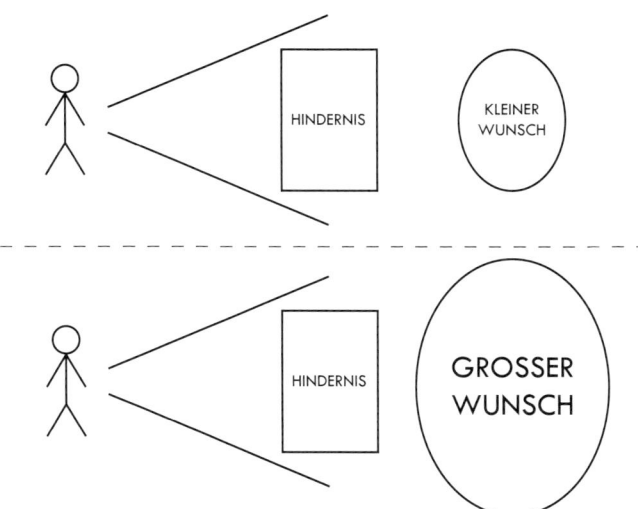

Hindernisse wird es immer geben. Bei großen Wünschen relativiert sich aber die Bedeutung.

schlägt man sich mit Schwierigkeiten herum. Warum also nicht gleich ein Stück weiter nach vorne Blicken?

> *Ziele nach dem Mond.*
> *Selbst wenn du ihn verfehlst,*
> *wirst du zwischen den Sternen landen.*
>
> (Friedrich Nietzsche)

Je mehr Sie wollen, desto kleiner wird auch die Konkurrenz. Im Mittelmaß mitschwimmen, will jeder. Darüber wird die Luft dünn. Das hat wahrscheinlich zwei Gründe: mangelndes Selbstvertrauen und der Irrglaube, dass man im Mittelmaß schneller Erfolge schafft als darüber. Ich sehe das an meinem eigenen Beispiel bestätigt. Coaches gibt es in Österreich massenhaft. Ein Großteil davon will eine öffentliche Aufmerksamkeit für einen höheren Bekanntheitsgrad erreichen. Beispielsweise durch Zeitungsinterviews oder Fachartikel zu bestimmten Themen. Kaum jemand traut sich aber ein Buch zu schreiben. Dabei gibt es in Österreich nur eine handvoll Coaches, die Bücher schreiben. Das heißt, da wäre die Konkurrenz viel geringer. Aber trotzdem stellt sich jeder bei den Zeitungsredaktionen mit Fachartikeln an. Eine Redaktion mit einem Artikel zu überzeugen ist schwieriger, als einen Verlag für ein Buch zu begeistern. Ich bin mir sicher, dass es auch in Ihrem Leben Bereiche gibt, wo Sie Wünsche haben und Sie diese ruhig noch etwas nach oben schrauben könnten. Warum auch nicht?

> *Die größte Gefahr für die meisten*
> *von uns ist nicht, dass wir hohe Ziele anstreben*
> *und sie verfehlen, sondern dass wir uns zu niedrige*
> *setzen und sie erreichen.*
>
> (Michelangelo)

Ihre Stärken, kombiniert mit Ihren produktiven Wünschen ergeben eine perfekte Kraftquelle, aus der Sie Leidenschaft und Motivation für eine noch bessere Lebensqualität schöpfen. Damit es leichter fällt, immer am Ball zu bleiben, empfiehlt es sich, neben Ihren Stärken auch Ihre Wünsche schriftlich festzuhalten. Das unterstützt Sie bei der oben genannten Klärung Ihrer Wünsche und hält Sie konstant auf Kurs. Schreiben ist konzentriertes Denken. Je konzentrierter Ihre Gedanken, desto größer die Verankerung Ihrer Wünsche und Ziele in Ihren alltäglichen Entscheidungen und Handlungen. Vielleicht haben Sie schon einmal von einer berühmten Studie der Harvard-Universität gehört. Demnach wurde die Entwicklung einer bestimmten Studentengruppe analysiert, die ihre Ziele schriftlich festgehalten haben. Laut Studie taten das rund drei Prozent. Diese drei Prozent verfügten nach zwanzig Jahren über das größte Einkommen und auch über die größte Zufriedenheit. Diese Studie ist ein Mythos und hat niemals stattgefunden. Trotzdem glaube ich an einen solchen Effekt, auch wenn diese Studie fälschlicherweise seit Jahren als Beweis herhalten muss. Ausgehend von der Legende dieser Studie hat sich die Dominican University of California tatsächlich um dieses Thema angenommen und Studenten über einen bestimmten Zeitraum beobachtet und befragt. Wie zu erwarten, hat dieses Ergebnis die Wichtigkeit der Schriftlichkeit bestätigt. Die Studie dauerte zwar nur einige Monate, aber selbst in diesem kurzen Zeitraum wurde festgestellt, dass jene mit schriftlichen Zielen mehr erreichten als jene, die nur vage Vorstellungen von Ihrer Zukunft hatten. Hinzu kam noch, dass die Gruppe, die sich gegenseitig über ihre Ziele und ihren Fortschritt informierte, noch bessere Ergebnisse erzielte als einzelne Personen. Dass das mit Einbeziehen anderer Personen zusätzliche Energie freigibt, wurde schon an früherer Stelle in diesem Buch erwähnt.

Meine Fähigkeiten immer abrufen

In diesem Kapitel möchte ich nicht locker lassen, dass Sie von sich, Ihren Fähigkeiten und Ihren Möglichkeiten überzeugt sind. Der stabile Glaube an sich selbst, die Kenntnis seiner Stärken und die Anerkennung seiner

Wünsche als ernstzunehmende Bedürfnisse sind wichtige Faktoren für ein gelingendes Leben. Ihre Wünsche schriftlich zu formulieren, ist eine gute Methode für das Dranbleiben und ein regelmäßiger Blick darauf unterstützt Sie in Ihren Handlungen. Ich möchte Ihnen eine weitere Möglichkeit zeigen, durch die es Ihnen leichter fällt, Ihre Stärken in produktive Handlungen umzuwandeln. Und zwar dann, wann immer Sie über diese Stärken verfügen möchten. Wenn Sie einen Blick in Ihr Notizbuch werfen oder auch einfach nur so über eine bestimmte Stärke nachdenken, fallen Ihnen vielleicht einige Situationen ein, in denen Sie über diese Stärke verfügten. Vielleicht waren Sie beispielsweise in einer bestimmten Diskussion sehr wortgewandt und überzeugend. Deshalb listen Sie zu Recht diese positive Eigenschaft bei Ihren Stärken auf. Dann kann es aber sein, dass Ihnen Situationen einfallen, in denen Sie überhaupt nicht wortgewandt und überzeugend waren. Beispielsweise in Gesprächen mit bestimmten anderen Personen. Das bedeutet, in Ihnen ist eine bestimmte Stärke vorhanden, aber nicht immer und in jeder Situation können Sie darauf zugreifen. Die Verfügbarkeit Ihrer Stärken liegt jedoch in Ihrer Hand oder besser gesagt in Ihrem Kopf. Idealerweise können Sie zu jedem Zeitpunkt auf jede Stärke Ihres Repertoires zugreifen, wenn es für das optimale Gelingen einer bestimmten Situation von Vorteil ist. Bevor wir uns einer mentalen Technik widmen, durch die wir diesen flexiblen Zugriff ermöglichen, betrachten wir die Gefühle, die hinter unseren Stärken liegen. Wenn Sie wortgewandt sind, fühlen Sie sich vermutlich sicher und ruhig. Wenn Sie voller Tatendrang sind, spüren Sie wahrscheinlich Begeisterung. Wenn Sie gelassen sind, fühlen Sie einfach Gelassenheit. Das bedeutet, manchmal steckt ein bestimmtes Gefühl hinter einer Stärke und manchmal ist die Stärke bereits das entsprechende Gefühl.

Passiert es Ihnen manchmal, dass Sie ein bestimmtes Lied hören oder Ihnen ein gewisser Duft in die Nase steigt und Sie augenblicklich gefühlsmäßig in eine bestimmte Situation versetzt werden? Das können schöne Erinnerungen an Weihnachten sein, an den ersten Kuss, an die Jugendzeit oder an Discobesuche. Es können auch traurige Erinnerungen hervorgerufen werden. In jedem Fall erleben wir nur durch diesen kurzen äußeren Reiz in Form einer Musik, eines Geruchs, eines Fotos, eines Geschmacks oder eines Wortes plötzlich das Gefühl einer sehr emotionsgeladenen Situation. Egal ob positiv oder negativ. Das bedeutet, dieser äußere Reiz hat sich damals in der jeweiligen Situation mit dem damals erlebten Gefühl verknüpft. Obwohl diese Situation vielleicht schon Jahrzehnte zurückliegt, genügt ein kurzer Eindruck dieses verknüpften Reizes und sofort spüren wir wieder dieses darauf angebundene Gefühl.

In der Psychologie spricht man hierbei von den alltäglichen Ankern. Anker deshalb, weil in dieser Metapher das Schiff stellvertretend mit dem Reiz an der Oberfläche zu verstehen ist, der durch den Anker mit dem Gefühl am Meeresgrund verbunden bleibt. Diese alltäglichen Anker entstanden und entstehen mehr oder weniger zufällig. Wie stark diese Anker sind und wie lange sie vorhanden bleiben, ist abhängig von der Stärke der Emotion, die in dem früheren Erlebnis vorhanden war. Und genau diesen Mechanismus macht man sich im mentalen Training zunutze, um damit erlebte Stärken in vergangenen Situationen durch einen Anker zu jeder Zeit bewusst in die Gegenwart zu holen. Die Sicherheit für die Wortgewandtheit durch einen Anker in jedes Gespräch. Die Begeisterung für den Tatendrang für jede Aufgabe. Die Gelassenheit immer dann, wenn Se abhandenzukommen droht.

Da Sie nicht genau wissen, welcher äußere Reiz das gewünschte Gefühl in wichtigen Situationen hervorrufen würde, legen wir diesen äußeren Reiz selber fest. Und zwar einen solchen, den Sie jederzeit selbstständig anwenden können, damit auch das Gefühl jederzeit hervorgerufen werden kann. Musik, Bilder, Gerüche und Geschmäcker sind in diesem Fall ungeeignet, da Sie dann nicht in der Lage wären, diesen Reiz spontan zu aktivieren. Deshalb wählen wir einen äußeren Reiz, der aus einer Bewegung und einem Wort besteht. Diese Signale können Sie unauffällig und an jedem Ort betätigen. Die Bewegung kann beispielsweise ein Fingerschnippen, ein Klopfen auf den Oberschenkel, Händereiben, Faustballen, Haarezupfen, Handrückenstreicheln, Brust rausstrecken und vieles mehr sein. Das Wort sollte zur gewünschten Stärke passen, die hervorgerufen werden sollte und kann auch gedanklich gesprochen werden. Diese Kombination an äußeren Reizen wird zu Ihrem Anker, durch den Sie eine bestimmte Stärke aus einer vergangenen Situation in einer gegenwärtigen Situation erlebbar machen können. Damit dieser Anker ein bestimmtes Gefühl hervorrufen kann, muss zuerst eine Verknüpfung zwischen Anker (Bewegung+Wort) und der Stärke in einer vergangenen Situation hergestellt werden.

Das machen wir in dieser Übung:

1. Wählen Sie eine Stärke aus, die Sie gerne spontan in bestimmten Situationen zur Verfügung haben möchten. Sie können diese Übung danach mit weiteren Stärken auch durchführen. Pro Anker eine Stärke. Als Beispiel wähle ich „Konsequenz"

2. Legen Sie eine Bewegung und ein passendes Wort fest, das zu dieser Stärke passt. Bei der Bewegung darauf achten, dass es eine ist, die sonst kaum durchgeführt wird. Denn da könnte bereits ein anderes Gefühl unbewusst darauf verknüpft sein. Für mein Beispiel wähle ich Händereiben und das Wort „Tu es".

3. Erinnern Sie sich bewusst an Situationen, in denen diese Stärke sehr präsent war. Entscheiden Sie sich für die intensivste Situation und erinnern Sie sich sehr deutlich daran. Konzentrieren Sie sich in der Erinnerung an die Gegebenheiten dieser Situation. Wo war es, um was ging es, wer war noch dort, was haben Sie gemacht? In welchem Moment haben Sie diese Stärke am meisten zur Geltung gebracht? Ich wähle für mein Beispiel eine Situation beim Laufen anlässlich meines Triathlons.

4. Gehen Sie gedanklich diesen stärksten Moment immer wieder durch, bis Sie dieses entsprechende Gefühl dieser Stärke deutlich spüren können. Wenn Sie das Gefühl möglichst intensiv wahrnehmen, setzen Sie Ihren Anker, indem Sie die Bewegung durchführen und gleichzeitig das Wort dazu laut und deutlich aussprechen.

5. Gehen Sie aus der Erinnerung wieder heraus und führen Sie den Anker durch und konzentrieren Sie sich dabei auf das Gefühl, das Sie auf dieses Signal verknüpft haben. Unterstützen Sie die Wahrnehmung dieses Gefühls auch durch Ihre Gedanken.

Mit diesem Anker sollten Sie in der Lage sein, das entsprechende Gefühl auszulösen. Um den Effekt zu verstärken, ist es wichtig, dass Sie ab sofort diesen Anker auch in Situationen betätigen, in denen Sie ohnehin sehr gut über diese Stärke verfügen. Dadurch verknüpfen Sie das Gefühl auch aus gegenwärtigen Situationen an diesem Anker. Im Moment haben Sie nur das Gefühl einer vergangenen Situation daran verknüpft. Durch weitere Situationen verstärken Sie diesen Anker, wenn Sie ihn betätigen. Dadurch wird dieser Anker intensiver und kann auch in den schwierigsten Situationen das entsprechende Gefühl hervorrufen.

Wenn die, dann ich auch

Wir haben nun einige Methoden kennengelernt, die uns helfen, einen unerschütterlichen Glauben an uns und unsere Zukunft zu erreichen. Im nächsten Teil dieses Kapitels möchte ich Sie einladen, diesen Glauben an sich selbst durch einen viel einfacheren Blickwinkel zu ermöglichen. Menschen, die mit äußerst ungünstigen Voraussetzungen großartige Leistungen vollbringen, dienen uns dabei als Vorbilder. Allzu voreilig stellen wir nämlich unsere Voraussetzungen kritisch in Frage und zweifeln deshalb an unseren Möglichkeiten. Alter, Größe, Aussehen, Herkunft, Bildung, Branche und Status sind nur einige der beliebtesten Argumente, die wir gegen das Erreichen bestimmter Ziele ins Feld führen. „Früher war es leichter", hört man oft von Unternehmern, wenn es mal nicht so gut läuft. Ich bin überzeugt, dass es in jeder Branche immer jemanden gibt, der gerade die beste Zeit seines Lebens hat. Und so lange es so jemanden gibt, kann es nicht an der Branche liegen, sondern nur an den eigenen Konzepten und persönlichen Fähigkeiten, die vielleicht noch ungenutzt sind. Es gibt aber auch Mensch, die selbst unter widrigsten Umständen, mit denen wir hoffentlich nie konfrontiert sind, immer noch unglaubliche Ziele anvisieren und Energie aufbringen, wie wir es uns kaum vorstellen können. Im Vergleich zu diesen Menschen sind wir mit unseren Voraussetzungen geradezu verwöhnt. Vielleicht ist das auch das Dilemma, das wir einfach zu viel könnten, wenn wir wollten und deshalb wenig Ansporn auf irgendetwas haben.

Vor drei Jahren habe ich beschlossen meinen Fernseher herzuschenken und stattdessen ein Buch pro Woche zu lesen. Das müssten jetzt also hundertsechsundfünfzig Bücher sein, die ich seither gelesen habe. Zugegeben, ich habe es nicht geschafft. Es waren nur um die hundert Bücher. Vermutlich sind das aber dennoch um rund siebzig mehr, als ich sonst gelesen hätte. Am liebsten lese ich Biografien von erfolgreichen Persönlichkeiten. Egal, ob Sportler, Unternehmer, Künstler, Politiker, einfach alles. Auch wenn mich sehr oft die Tätigkeit an sich weniger interessiert, die die jeweiligen Persönlichkeiten ausgeübt haben, sind es die Geschichten dahinter, die ich meistens sehr bewegend finde. Und eines haben fast alle gemeinsam: in vielen Phasen denkbar ungünstige Voraussetzungen.

Ob es Oscar Pistorius ist, der mit zwei Beinprothesen mitten unter normalen Läufern bei den olympischen Spielen teilnimmt. Oder Marie Curi, die trotz vieler Schicksalsschläge weiterforscht und schließlich den Nobelpreis für Chemie erhält. Ob es Wilmar Rudolph ist, die als Kind im Rollstuhl sitzt und später einen Weltrekord im Hundertmetersprint aufstellt. Oder Viktor Frankl, der im Konzentrationslager einen neuen therapeutischen Ansatz entwickelt. Dies sind nur einige prominente Beispiele. Es gibt aber hunderte, wenn nicht tausende im Kleinen wie im Großen, die unter extrem schlechten Bedingungen über sich hinauswachsen und ihre Möglichkeiten nicht in Frage stellen. Warum tun wir das aber so schnell? Eine mögliche Antwort kann sein, dass man vielleicht erst mit extremen Bedingungen konfrontiert sein muss, um diesen unbändigen Willen erzeugen zu können. Aber auch dann gibt es eine gute Nachricht: Wir brauchen gar nicht einen solchen unbändigen Willen, da wir ohnehin bessere Voraussetzungen haben als viele andere. Schon alleine dadurch, dass wir gesund sind und in einer einigermaßen gut abgesicherten Gesellschaft leben. Also genügt es bei uns, wenn wir wenigstens ein bisschen mehr Willen aufbringen als bisher. Diese und viele andere Personen zeigen uns vor, was möglich ist. Wenn wir uns mit denen vergleichen, sollte das bei uns eine tiefe Erleichterung auslösen, weil wir es viel leichter haben als sie. Dass wir mehr Konkurrenz haben, weil alle gute Voraussetzungen haben und erfolgreich werden wollen, ist kein Argument. Auch die genannten Beispiele hatten Konkurrenz mit besseren Voraussetzungen. Außerdem stimmt es nicht, dass jeder erfolgreich werden will. Aussagen wie „Das kann ja dann jeder." sind irrelevant, da sowieso nicht jeder will. Halbwegs gut durchkommen und vielleicht noch im Mittelfeld dabei sein, das will jeder. Sobald Sie aber in Ihrem Bereich spitze werden wollen, sind Sie fast alleine am Feld.

Auf eine Person möchte ich etwas näher eingehen. Ich hatte die interessante Aufgabe, Walter Ablinger im Zuge seiner Vorbereitungen für die Paralympics 2012 in London im mentalen Bereich zu coachen, was auch für mich eine ziemliche Herausforderung war. Denn noch nie zuvor ist ein Interessent zu mir gekommen, der bereits über ein so hohes Maß an mentaler Stärke verfügte wie Walter. Ich wusste daher anfangs gar nicht, an was genau wir arbeiten können. Grundsätzliche Dinge, wie die eigenen Stärken kennen, an sich glauben, ein Ziel haben, beharrlich dranbleiben, Rückschläge schnell verkraften etc., das war für Walter ohnehin selbstverständlich. Wir konzentrierten uns dann auf spezifische Techniken, die ihn in seinem Training und im Wettkampf in bestimmten Situationen unterstützten. Das war praktisch nur noch der berühmte Feinschliff an mentaler Stärke, um den es in unserer interessanten Zusammenarbeit ging.
Walter hatte 1999 einen Arbeitsunfall und sitzt seither im Rollstuhl. Er hat sich nicht hängen lassen, sondern ganz im Gegenteil: Als Handbiker stellte

der Oberösterreicher einen Weltrekord über die Marathon-Distanz auf, ist mehrfacher Staatsmeister und gewann internationale Weltcuprennen. Bei den Paralympics in London 2012 ist ihm eine Medaille auf jeden Fall zuzutrauen.

Interview Walter Ablinger

Ich kann in diesem Buch viel theoretisches Wissen über mentale Techniken vermitteln und hoffentlich auch überzeugen, mehr an sich zu glauben und die eigenen Möglichkeiten zu erkennen. Aber wenn jemand wie Walter Ablinger über mentale Stärke und den Glauben an sich selbst spricht, dann hat das nochmal eine andere Qualität. Deshalb habe ich für dieses Buch ein kurzes Interview mit ihm geführt, in dem er Sie erreichen und Mut für ein bestmögliches Leben machen will.

MICHAEL: Vielleicht kannst du kurz erzählen, wie dein sportliches Leben vor dem Unfall ausgesehen hat.
WALTER: Ich habe mich immer schon gerne „bewegt" und bin mit acht Jahren einem Fußballverein beigetreten. Für mich gab es schon damals nichts Schöneres als in der Natur zu sein, mit Freunden zu kicken und mich mit anderen zu messen. Mit dem Fahrrad ging's fast täglich zum drei Kilometer entfernten Fußballplatz. Trainings oder Spiele habe ich sowieso keine verpasst. Ich war sehr eifrig und mit Begeisterung dabei. Später kamen auch noch viele alpine Pistenkilometer dazu.

Wie bist du am Anfang mit der ärztlichen Diagnose umgegangen?
Die Diagnose war wie ein Schlag ins Gesicht. Lange Zeit nur mentaler Schmerz, viel Leere, Traurigkeit, Tränen und Ungewissheit. Es fühlte sich an, als ob mir der Stecker gezogen wurde, als hätte man mir die Energie abgeschaltet. Ich wusste nicht mehr was ich denken soll,

wie ich mit einer Querschnittlähmung leben soll, oder was auf mich zukommt. Es war extrem schwer für mich, die Gedanken und meine neue Lebenssituation einzuschätzen, geschweige denn zu ordnen. Es fühlte sich schrecklich an, in seinem eigenen Körper gefangen zu sein, nur den halben Körper bewegen zu können und auf fremde Hilfe angewiesen zu sein.

Ab wann hast du den Entschluss gefasst, wieder sportlich aktiv zu werden und auch Ziele zu setzen?
Die Natur und mein soziales Umfeld haben mich auf den richtigen Weg zurückgebracht. Meine Frau war zum Zeitpunkt meines Unfalls im dritten Monat schwanger und ich wusste, dass ich kämpfen musste, dass unser Kind einen Vater braucht. Ich versuchte so schnell wie möglich wieder ein selbständiges Leben zu führen. Durch Sport und Bewegung erarbeitete ich mir wieder unabhängige Mobilität und Lebensqualität schon während der Zeit der Rehabilitation. Ich begann bei Null. Musste alles neu lernen: aus dem Bett zu kommen, mich anzuziehen, mich fortzubewegen. Das waren anfänglich meine Ziele. Nach der Neuorientierung begannen die sportlichen Ziele. Ich wollte mich nicht verstecken und in eine Lade schieben lassen. Ich begann bald mich mit Menschen zu messen, die ein ähnliches Schicksal wie ich ertragen mussten. Nach anfänglich kleinen Zielen folgten Zwischenziele und richtungweisende Ziele, auf die ich weiter aufbauen konnte. Ich lebe mein Leben im Rollstuhl. Ein Leben ohne Ziele zu verfolgen, kann ich mir aber überhaupt nicht vorstellen.

Welche mentalen Fähigkeiten haben dich aus deiner Sicht am meisten unterstützt?
Als Körperbehinderter muss man sich noch selbstbewusster in der Öffentlichkeit bewegen. Die meisten Menschen sehen nur den Rollstuhl, nicht den Menschen darin. Ich ziehe die Blicke an und wende sie in positive Energie um. Selbstbewusstes Auftreten, konsequente, ehrgei-

zige Weiterentwicklung und eine natürliche, offene Art, das sind meine Stärken nach außen. Innerlich bin ich sehr ruhig, gelassen und gefühls-orientiert.

Ich lebe zwar mit einer körperlichen Einschränkung, bin aber im Denken und Fühlen nicht anders als vor meinem Unfall.

Wie gehst du mit Selbstzweifel um? Gibt es so etwas bei dir überhaupt?
Ich bin Realist, orientiere mich gerne an Tatsachen, schaffe mir aber auch die Tatsachen, die ich gerne habe. Dass ich in die Kategorie der Behinderten Menschen gezählt werde, weiß ich. Allerdings bestimme ich mein Leben selber und gestalte meine Zukunft in der Gegenwart. Selbstzweifel haben darin keinen Platz.

Viele Menschen unterschätzen ihre Stärken und trauen sich sehr wenig zu. Was möchtest du diesen Menschen sagen?
Jeder von uns hat Fähigkeiten und Stärken, von denen wir nicht einmal wissen, dass wir sie haben. Wir müssen nur versuchen diese zu entde-

cken und daran zu glauben. In den meisten Menschen steckt sehr viel Potenzial. Sich einfach was zutrauen, über seinen eigenen Schatten springen, das Leben selber in die Hand nehmen, die Komfortzone verlassen, was Neues versuchen und es mit Konsequenz leben.
Träume nicht dein Leben, sondern lebe Deinen Traum!

Danke für das Interview!

Müssen wir darauf warten, dass auch uns etwas geschieht, damit sich unser Überangebot an Möglichkeiten drastisch reduziert, um endlich den Fokus auf die noch vorhandenen Stärken zu lenken? Ich hoffe nicht! Ich glaube, dass wir auch in unserer jetzigen Situation sofort beginnen können, an uns zu glauben, Ziele zu setzen und mit konsequenten Handlungen Schwung in unser Leben zu bringen. Ich bin mir sicher, dass Walter Ablinger mehr Schwung in seinem Leben verspürt als sehr viele Menschen ohne Rollstuhl.

Die Aussage, dass man alles erreichen kann, wenn man es unbedingt will, ist vielleicht ein Mythos. Aber Menschen wie Walter Ablinger und viele andere halten diesen Mythos durch eigene Erfolge am Leben. Also wird etwas dran sein an dieser Aussage. Und das sollten wir nie vergessen, wenn wir glauben, dass irgendetwas nicht gelingen kann.

Wenn Sie nun beschließen ein aktiveres Leben führen zu wollen als bisher, kann Sie nur noch ein bestimmtes Gefühl aufhalten. Dieses Gefühl ist schwer als hinderlich zu entlarven, da es allgemein gültig als erstrebenswert gilt und es letztendlich auch ist. Jedoch ist zu viel davon der Grund, warum so viele nicht ins Tun kommen. Im nächsten Kapitel erfahren wir, wie wir einen Teil dieses Gefühls opfern, um daraus einen Motor für Verbesserungen in unserem Leben zu machen. Ich spreche von unserer Zufriedenheit.

VII.

Zufrieden?
Sind die Anderen ...

Immer, wenn ich bei Vorträgen über den Nutzen der Unzufriedenheit spreche und deshalb für eine gewisse Unzufriedenheit plädiere, ernte ich zunächst skeptische Blicke. Ziel soll es ja sein, dass wir Zufriedenheit erlangen und dann kommt plötzlich so etwas. Erst nach einigen Minuten wird den Zuhörern dann klar, wie es gemeint ist und welche Kraft in einer konstruktiven Unzufriedenheit steckt. Jedem Bedürfnis geht eine Unzufriedenheit voraus. Wenn eine konkrete Befriedigung dieses Bedürfnisses in Aussicht steht, entwickelt sich daraus ein Wunsch und infolgedessen auch ein Ziel. Jede Errungenschaft, jeder Fortschritt und einfach alles, was unser Leben komfortabel macht, geht auf das Konto von Menschen, die mit der damaligen Situation nicht zufrieden waren. Sie wollten etwas ändern. Aus diesem Bedürfnis entwickelte sich der Wunsch für diese Veränderung und daraus das Ziel für die Umsetzung. Gibt es in Ihrem Leben auch etwas, mit dem Sie unzufrieden sind, das Sie gerne ändern möchten? Manchmal erlebe ich es in Seminaren, dass die Teilnehmer auf diese Frage reflexartig antworten, mit allem zufrieden zu sein. Wenn es Ihnen auch so geht und es nichts in Ihrem Leben gibt, schreiben Sie mir bitte eine E-Mail. Dann kann ich Ihnen von mir einige Sachen zukommen lassen. Ich habe genug davon. Wer mit allem zufrieden ist in seinem Leben, wird keinerlei Energien für Verbesserungen freisetzen können. Zu viel Zufriedenheit macht das Leben langweilig. Viel zu schnell glauben wir, nun einen gewissen Level erreicht zu haben, auf dem man gefälligst zufrieden sein muss. Es wird uns ja auch immer wieder gesagt, dass wir zufrieden sein müssen. Meistens mit dem Argument, dass es ja viel schlechter auch sein könnte. Menschen mit dieser Einstellung sind rückwärtsgewandt. Sie vergleichen sich mit Menschen, denen es nicht so gut geht und ziehen daraus die Bestätigung, da bleiben zu können, wo sie sind. Das ist eine effektive Methode in der Komfortzone zu bleiben. Es gibt aber auch andere Menschen. Nämlich jene, die nicht überlegen, um wie viel schlechter es sein könnte, sondern auch sehen, um wie viel besser es sein könnte. Diese Menschen blicken nach vorne und wenn es uns gelingt, so zu werden, dann haben wir das Beste noch vor uns. Egal, wo wir jetzt gerade im Leben stehen. Mit dieser Haltung hat man das Beste immer noch vor sich, da es immer noch besser sein kann. Diese Art der Unzufriedenheit sollte nicht mit Undankbarkeit verwechselt werden. Ich bin dankbar für das, was schon ist. Und ich freue mich darauf, was noch alles kommen kann.

Konstruktiv unzufrieden

Menschen, die konstruktiv unzufrieden sind, laufen nicht gefrustet durchs Leben. Ganz im Gegenteil. Diese Menschen haben Visionen, Antriebskraft, Energie, Leidenschaft für eine bestimmte Sache, Mut, Sinn und die Absicht, sich ständig zu verbessern. Diese Art der Unzufriedenheit fühlt sich auch nicht unangenehm an. Es gibt zwar immer etwas, mit dem man nicht zufrieden ist. Aber das Gefühl, dadurch wieder etwas erreichen zu können, und die Vorfreude auf dieses Erfolgserlebnis machen diesen Zustand sehr positiv erlebbar. Diese Menschen denken auch gar nicht in Begriffen wie beispielsweise Unzufriedenheit. Sondern es gibt etwas, das in das Zentrum der Aufmerksamkeit rückt, mit dem man sich beschäftigen will, bis sich ein gewinnendes Gefühl einstellt. Ich glaube sogar, dass die Natur diese Art der Unzufriedenheit für uns vorgesehen hat. So wie der Orgasmus die Belohnung für das Fortpflanzen ist, ist das Gefühl eines Erfolgserlebnisses die Belohnung für unseren Wunsch nach Verbesserung.

Es gibt aber auch Menschen, die unzufrieden und zugleich frustriert sind. Die keine Visionen haben, keine Ziele und kein Lebensengagement. Diese Menschen sind mit Dingen unzufrieden, die sie nicht verändern können. Zum Beispiel mit ihrem Alter, ihrer Größe, mit anderen Menschen oder mit ihrer Herkunft. Diese Dinge ändern zu wollen, führt zu Frustration. Statt einem Änderungswunsch wäre es hier besser, seine Einstellung dazu zu ändern. Kennengelernt haben wir bereits die Möglichkeit des Reframings, also das Gute in diesen Dingen zu finden. Und glauben Sie mir, überall kann man einen Vorteil finden, wenn man ihn sehen will. Die Veränderung der Einstellung zu äußeren Gegebenheiten kann dann genauso die Lebensqualität deutlich steigern.

Es kann aber auch sein, dass Frustration bei Dingen auftritt, die theoretisch veränderbar wären. Klassische Beispiele sind die eigene Figur, mangelndes Selbstwertgefühl, finanzielle Situation, generell materielle Dinge, Sportlichkeit, Bildung, Freizeitgestaltung und vieles mehr. Hier gilt es, ehrlich zu sich selbst zu sein und zu erkennen, was tatsächlich nicht veränderbar ist und was in Wirklichkeit schon veränderbar wäre. Eher tendieren wir dazu, Dinge als unveränderbar zu betrachten und akzeptieren diesen Umstand. Vor diesem voreiligen Akzeptieren sollten wir uns bewahren.

> *Gott, gib mir die Gelassenheit,*
> *Dinge hinzunehmen, die ich nicht ändern kann,*
> *den Mut, Dinge zu ändern, die ich ändern kann,*
> *und die Weisheit, das eine vom anderen zu unterscheiden.*
>
> (Reinhold Niebuhr)

Statt den zu Beginn unbequemen Weg zu gehen und die Dinge anzupacken, wählen wir lieber den Weg mit dem geringstmöglichen Widerstand. Das führt zum Akzeptieren von Dingen, die wir gerne ändern möchten und könnten, aber nicht die nötige Kraft dafür aufbringen wollen. Wir reden uns dann ein, mit dem entsprechenden Umstand zufrieden zu sein. Diese Haltung hilft aber nur kurz. Eine echte Zufriedenheit entsteht dadurch nicht. Immer wieder erleben wir dann diese Momente, in denen wir es anders haben möchten. Je länger wir einen bestimmten Zustand akzeptieren, desto schwieriger wird es aber auch in der Zukunft, genügend Motivation für eine Veränderung aufzubringen. Irgendwann folgt dann eine Resignation und ein Leben mit Umständen, die niemals so sein müssten.

Als Beispiel fallen mir unter anderem auch Menschen mit Übergewicht ein. Fast immer ist zu hören, dass er oder sie sich wohl fühlt. Es wird Ausnahmen geben, aber den meisten glaube ich das nicht. Bei vielen ist das Wohlbefinden davon abhängig, mit wem sie sich vergleichen. Am besten wäre es, wenn wir uns nur noch mit uns selbst vergleichen. Also damit, was wir wirklich wollen. Wenn wir dem entsprechen, können wir wirklich zufrieden sein. Auch mit ein paar zusätzlichen Kilos natürlich. Genauso werden in beruflichen Situationen Umstände akzeptiert, die in Wirklichkeit nie so gewollt waren.

Ich habe eine Frau (42) kennengelernt, die seit zwanzig Jahren in der Lohnverrechnung arbeitet und immer noch in der Vorstellung schmökert, wie schön es nicht wäre als Kindergärtnerin zu arbeiten, weil das wollte sie schon immer. Unseren Wünschen und Bedürfnissen ist es scheinbar egal, wie lange wir sie ignorieren. Sie melden sich immer wieder. Diese Frau hat in zu vielen Situationen ihre berufliche Situation akzeptiert, obwohl sie sie gerne verändert hätte. Irgendwann ist es aber kaum noch veränderbar. Und wenn das Bedürfnis danach aber nicht abreißt, kommt der Frust. Im Gespräch habe ich bemerkt, dass sie unbewusst bereits ihre Situation reframed und auch ihrem jetzigen

Beruf Vorteile abgewinnt. Das ist zu ihrer Strategie geworden, um die Frustration in Grenzen zu halten. Noch besser wäre es aber gewesen, wenn sie sich früher ihrer Unzufriedenheit gestellt und andere Entscheidungen getroffen hätte.

> *Akzeptanz von veränderbaren Dingen ist die Vorstufe zur Resignation.*
>
> (Michael Altenhofer)

Damit Unzufriedenheit konstruktiv bleibt und Ihre Lebensqualität steigert, bleiben wir in diesem Kapitel bei den veränderbaren Umständen. Dieses Prinzip wenden wir im Alltag auch ständig an. Wenn wir hungrig sind, essen wir etwas. Wenn wir einsam sind, rufen wir jemanden an oder unternehmen etwas. Wenn die Haare zu lang werden, gehen wir zum Friseur. Es gibt bestimmt hunderte solche Beispiele und zwei Sachen haben sie alle gemeinsam: Das Bedürfnis ist sehr wichtig und der Aufwand zur Befriedigung dieses Bedürfnisses ist relativ gering. Problematisch wird es erst dann für uns, wenn wir das Bedürfnis als weniger wichtig einstufen und der Aufwand dafür gleichzeitig größer wird. Irgendwo gibt es dann für die meisten eine Grenze. Bis hierher handle ich, ab da akzeptiere ich. Die Grenze verläuft immer dort, wo die persönliche Komfortzone aufhört. Vielleicht erinnert Sie das auch an die Bedürfnispyramide nach Maslow.

Zuerst kommen die Grundbedürfnisse wie Nahrung, ein Dach über dem Kopf und soziale Kontakte und erst dann die Anerkennung und Selbstverwirklichung. Der Aufwand der zwei letztgenannten Bedürfnisse ist, wie schon erwähnt, in unserem Kulturkreis größer als für die ersten drei. Gleichzeitig sind wir uns nicht sicher, wie ernst und wichtig wir den Wunsch nach Anerkennung und Selbstverwirklichung nehmen sollen. Diese Kluft wird zum Dilemma unserer Handlungskompetenz.

In diesem Kapitel möchte ich erreichen, dass wir in Zukunft unsere Handlungsentscheidungen nicht vom Aufwand dafür abhängig machen, sondern ausschließlich von dem, was unsere Lebensqualität steigert, was unseren Wünschen entspricht und von dem wir überzeugt sind und es einfach fühlen, dass es so besser wäre. Wenn uns das gelingt, sprengen wir jede selbst erdachte Grenze unserer Komfortzone. Mutig handeln wird dann zur Lebensmaxime.

Das Resultat wird ein selbstbestimmtes und bestmögliches Leben sein, das wir führen können. Klingt verlockend, nicht wahr? Darum werde ich in diesem Kapitel auch Möglichkeiten und Methoden aufzeigen, die uns genau zu diesem Menschen machen, der so denken und handeln kann.

Sich selbst coachen

Zuerst möchte ich Sie einladen, sich Klarheit über Ihre Dinge zu verschaffen, die Sie ändern möchten. Ein Blatt Papier kann natürlich wieder sehr hilfreich sein. Unterscheiden wir zwischen Dingen, die wir sofort bzw. innerhalb weniger Tage erledigen können, und Dingen, die länger brauchen. Unter Länger fällt zum Beispiel ein Jahr. Dann gibt es noch eine dritte Kategorie für Dinge, die viele Jahre benötigen. So genau müssen Sie das jetzt noch nicht einschätzen. Wir befassen uns zunächst mit den unmittelbaren Anliegen. Diese können in den unterschiedlichsten Bereichen auftauchen:

Sich um eine bestimmte Position im Unternehmen bewerben, mit dem Chef eine Gehaltsverhandlung vereinbaren, zu einer Weiterbildung anmelden, ein Musikinstrument lernen, in einen Yogakurs gehen, etwas spenden, die Wohnung neu ausmalen, die Steuererklärung machen, das Auto waschen oder eine Reklamation schreiben – unzählige Ideen und Vorhaben, die eins gemeinsam haben: Es wird darüber gesprochen und nachgedacht, aber so gut wie nie umgesetzt oder ewig aufgeschoben! Wer zurückblickt und betrachtet, wie viele Vorhaben und Ideen in den letzten zwölf Monaten umgesetzt wurden, wird folgende Behauptung nachvollziehen können: Was der Mensch innerhalb von 72h nicht anfängt, wird er nie anfangen! Der Grund für diese Tendenz ist vermutlich die Schnelllebigkeit unserer Zeit. Bevor eine Idee umgesetzt wird, verliert sie an Attraktivität, da bereits neue Informationen und Einflüsse neue Ideen entstehen lassen. Allerdings mit der Konsequenz, dass wir so gut wie nie etwas realisieren, da wir zu lange warten.

Entscheiden Sie sich einfach mal so als Übungsbeispiel für eine Sache, die immer wieder in Ihren Gedanken auftaucht und beschließen Sie es jetzt zu tun. Dazu – wenn nötig - einen Handlungsplan schreiben, der sich höchstens über drei Tage erstreckt. Überlegen, was der erste Schritt ist. Wen muss ich anrufen, wem eine E-Mail schreiben oder was muss ich besorgen? Jeden einzelnen Schritt terminisieren und im Kalender eintragen. Ich beispielsweise trage bei lästigen Dingen jede banale Handlung in den Kalender ein, damit ich es abhaken muss. Manchmal erledige ich die Dinge dann nur zu diesem Zweck, den Kalender vollständig abhaken zu können. Durch den Eintrag im Kalender bekommen die Dinge eine gewisse Wichtigkeit, ob sie mir in Wirklichkeit wichtig sind oder nicht. Aber was drinnen steht, wird erledigt. Bei lästigen Aufgaben empfiehlt es sich, die Einträge bereits ein, zwei Tage vorher zu tätigen. Da ist die Hemmschwelle für diverse Einträge noch niedriger. Jetzt könnte ich beispielsweise nicht eintragen, in zwei Stunden mit der Buchhaltung zu beginnen oder eine intensive Trainingseinheit durchzuführen, selbst wenn ich Zeit dafür hätte. Vorgestern wäre mir ein solcher Eintrag leichter gefallen und dann würde ich es auch machen. Aber zum Glück gibt es einen solchen Eintrag jetzt gerade nicht …

Sie können sich für eine konsequentere Umsetzung Ihrer Aufgaben ein Formular zurechtlegen und so Ihr eigener Handlungscoach werden:

IST	MÖGLICHKEITEN	SOLL
WAS?		WANN?
		UNTERSCHRIFT:

Mit diesem Formular steigern Sie Ihre Konsequenz für bestimmte Handlungen.

Zur Erklärung dieses Formulars nehme ich das Beispiel Autowaschen. Als Ziel (Soll) gehört somit in die rechte Spalte das saubere Auto eingetragen. Die Ausgangslage (Ist) in der linken Spalte ist ein schmutziges Auto. In das mittlere Feld unter „Möglichkeiten" trage ich all die Dinge ein, die vom Ist zum Soll führen. Das ist praktisch ein Art Brainstorming für den Handlungsplan. Ich wähle eine dieser Möglichkeiten aus und überlege, wann ist der nächste Zeitpunkt, an dem ich diese eine Handlung garantiert umsetzen kann. Wo nichts dazwischenkommen kann und ich mir diese Handlung fix einteile. Dann terminisiere ich diese Handlung im Feld rechts unten und unterschreibe diesen Termin. Dieses Ergebnis dann auch in den Kalender übertragen. Hilfreich ist es, wenn man mit diesem Formular mit einem Partner zusammenarbeitet. Dann sollte man sich nämlich verpflichten, den Partner zu einem fix vereinbarten Zeitpunkt über die erledigte Handlung zu informieren. Zu Zweit kann diese Methode übrigens auch großen Spaß machen, wenn jeder an die Reihe kommt. Es ist erstaunlich, was plötzlich binnen weniger Tage erledigt wird. Dinge, die zum Teil jahrelang aufgeschoben wurden: Keller und Dachboden entrümpeln, Kleiderkasten aussortieren, alte Sachen zum Flohmarkt bringen und vieles mehr. Wenn für die Erledigung mehrere Handlungen aus dem Bereich „Möglichkeiten" notwendig sind, dann können Sie sich jede einzelne Handlung mit einem neuen Formular vornehmen. Zu viel in einem Formular zu fixieren kann sehr leicht dazu führen, dass manches dann doch wieder verschoben wird. Eine Handlung, einen Termin und diesen kompromisslos einhalten. Dann das Nächste.

Tricks für den Alltag

Bei fast allen Aufgaben ist es für die Erledigung entscheidend, den ersten Schritt zu machen und anzufangen. Meistens wird dann eine Aufgabe auch zu Ende geführt. Nur anzufangen und ein bisschen was zu machen ist in der Vorstellung aber angenehmer, als an die ganze Aufgabe zu denken. Da wir aber sehr wohl an die ganze Aufgabe denken, hindert uns das am Anfangen. Hier gibt es den sogenannten 5-min Trick. Diese Technik kann auch als Starttrick für unliebsame Tätigkeiten bezeichnet werden. Die Überlegung basiert auf der Annahme, dass man eher mit unliebsamen Tätigkeiten beginnt, wenn man sich vornimmt, diese nur fünf Minuten zu machen. Ziel der Übung soll natürlich sein, dass diese Tätigkeit auch nach diesen fünf Minuten fortgeführt wird. Aber durch diese angenehm klingende Vorstellung „nur 5 Min." soll der erste Schritte erleichtert werden und meistens wird die fortlaufende Ausübung der Tätigkeit dann weniger belastend empfunden als ursprünglich angenommen. Der Hintergrund ist klar: Wenn man erst einmal in Bewegung ist, stellt man fest, dass die Aufgabe gar nicht so schwierig ist wie erwartet, und führt sie dann doch zu Ende. Dieses Verfahren erleichtert also das Anfangen.

Ein weiterer Trick ist es, die ersten Vorbereitungen bereits am Vorabend zu treffen. Mit der Buchhaltung mache ich das manchmal so. Diese Arbeit verrichte ich zu Hause. Wenn der Termindruck groß wird und ich mich irgendwann dazu überwinden muss, mache ich Folgendes: Am späten

Abend räume ich alle erforderlichen Unterlagen aus dem Regal und lege sie auf den Wohnzimmertisch. Danach gehe ich ins Bett. Das Herausräumen kostet mich wenig Überwindung, da ich weiß, mich jetzt noch nicht damit beschäftigen zu müssen, erst morgen. Wenn ich dann am nächsten Morgen aufstehe und die Unterlagen am Tisch liegen sehe, werde ich sie garantiert nicht wieder ins Regal räumen, bevor ich nicht die Arbeit damit erledigt habe. Das Erledigen hat dann eher den Grund, dadurch wieder Ordnung im Wohnzimmer herzustellen und weniger der Termindruck. Plötzlich geht es dann auch viel zügiger als tagelang angenommen. Dieses Prinzip funktioniert auch für eine konsequentere Sportausübung. Die Sporttasche wird dabei bereits am Vorabend gepackt und zur Tür gestellt, damit man sich am frühen Morgen damit nicht mehr beschäftigen muss. Man braucht sie dann nur noch mitnehmen, um beispielsweise gleich nach der Arbeit ins Fitnessstudio zu gehen. Ich habe schon sehr oft gehört, dass es sich Menschen in der Früh nochmal anders überlegen und die Tasche nicht packen. Ich habe es aber noch nie gehört, dass eine gepackte Tasche stehen gelassen wird und irgendwann wieder ausgeräumt wird, ohne dazwischen im Fitnessstudio gewesen zu sein.

Bei all diesen Methoden geht es letztendlich darum, uns selbst in eine Lage zu bringen, in der uns das Nicht-Tun unangenehm wird und uns nahezu absurd vorkäme. Das heißt, wir tricksen uns selbst damit aus und manövrieren uns in eine Situation, in der wir die Dinge dann einfach erledigen. Wir nehmen uns also bei gesundem Menschenverstand die Möglichkeit, spontan eine andere Entscheidung zu treffen. Natürlich könnten wir, aber das tun wir dann nicht, weil es entgegen unserer Selbstachtung wäre, selbst in solchen Situationen etwas nicht umzusetzen. Mit anderen Worten: Wir würden uns dann einfach sehr blöd vorkommen dabei. Man kann natürlich auf diese Motivationshilfen verzichten und die Dinge spontan entscheiden und sich sagen, dass man es ohnehin umsetzt, sobald Zeit ist. Dann ist das Aufschieben meistens vorprogrammiert, da diese Einstellung die Situation immer so aussehen lassen kann, als ob jetzt gerade keine Zeit wäre.

Dranbleiben, dranbleiben, dranbleiben

Wir haben uns jetzt mit Dingen beschäftigt, deren Umsetzungen meistens am ersten Schritt scheitern und mit den beschriebenen Methoden sollte es uns in Zukunft leichter gelingen, ins Tun zu kommen. Wenden wir uns jetzt der zweiten Kategorie an Umständen zu, die wir gerne verändern würden, es auch könnten, aber eben nicht von heute auf morgen. Wir können es Umstände, Gegebenheiten, aber auch Ziele und Wünsche nennen, die über einen längeren Zeitraum unsere Aufmerksamkeit benötigen, bis ein gewünschtes Ergebnis eintritt. Das kann ein halbes Jahr sein, ein Jahr oder auch zwei, drei Jahre. Dann sprechen wir von mittelfristigen Veränderungen. Bleiben wir in den folgenden Absätzen bei dieser Kategorie. Was gibt es in Ihrem Leben, das zu den mittelfristigen Veränderungen zählen sollte? Vielleicht haben Sie vorhin schon ein paar Notizen gemacht und denken jetzt an die eine oder andere konkrete Sache.

Später in diesem Kapitel geht es noch um die dritte Kategorie mit den langfristigen Änderungswünschen und dieser Teil führt uns dann zu unseren Visionen und Missionen. Aber jetzt gilt es zu erkennen, was in Ihrem Leben noch zu den mittelfristigen Veränderungswünschen gehört und was bereits langfristig zu betrachten wäre. Denn das ist manchmal schwer einschätzbar. Viele überschätzen, was in einem Jahr möglich ist und unterschätzen, was in fünf oder zehn Jahren möglich ist. Wenn zu viel mittelfristig erreicht werden will, überladen wir unsere Vorstellungskraft. Für Dinge, die wir in einem Jahr erreichen wollen, brauchen wir eine realistische Strategie und konkrete Maßnahmen, wie wir das erreichen können. Das heißt, da sollten wir den Weg möglichst genau kennen. Die Herausforderung ist dann, diesen Weg konsequent zu gehen. Bei langfristigen Zielen ist der genaue Weg noch nicht so wichtig. Da genügt es, ein klares Bild zu haben von dem, was man gerne haben

153

möchte bzw. wie es sein sollte. Das Wie spielt da noch eine untergeordnete Rolle. Aber bei mittelfristigen Zielen sollte das Wie möglichst bekannt sein. Das bedeutet, Sie wissen theoretisch was zu tun wäre, um ein bestimmtes Ergebnis beispielsweise in einem Jahr zu erzielen. Das kann eine Diplomarbeit sein, sich körperlich verändern, etwas Neues lernen, einen bestimmten Geldbetrag sparen, einen bestimmten Betrag abbezahlen oder eine berufliche Veränderung planen. Auch hier gibt es hunderte Beispiele. Anders als bei den kurzfristigen Aufgaben ist es hier nicht ausschließlich das Anfangen, das zur größten Hürde wird, sondern das Dranbleiben. Dauerhaftes Engagement über einen bestimmten Zeitraum, wo das Ende noch nicht greifbar ist, erfordert ein hohes Maß an Disziplin und Durchhaltevermögen. Sehr oft kann das Ziel nicht genau terminisiert werden. Etwas kann ein oder zwei Jahre dauern. Diese Ungewissheit macht das Dranbleiben noch schwerer. Wenn ich als Vortragender über diese Fähigkeit spreche, erzähle ich manchmal die Geschichte eines Steinmetzes:

> *Wenn scheinbar nichts mehr hilft,* ❝
> *sehe ich einem Steinmetz bei der Arbeit zu,*
> *der unentwegt auf seinen Felsbrocken einschlägt,*
> *manchmal hundertmal, ohne dass sich auch nur ein Riss*
> *zeigt. Aber beim einhundertsten Schlag*
> *splittert er in zwei Teile, und ich weiß,*
> *dass das nicht wegen des letzten Schlages geschah,*
> *sondern dank aller vorhergehenden Schläge.*
> ❞ (Jacob Riis)

Diese Steinmetzqualitäten sind genau die Fähigkeiten, die wir für unsere mittelfristigen Aufgaben brauchen, deren Enden nicht genau absehbar sind. Vertrauen in das, was wir tun, Ausdauer und Zieltreue sind exaktere Beschreibungen dieser Qualitäten. Und diese Fähigkeiten erhalten wir, wenn wir für diese bestimmte Sache ein hohes Maß an Leidenschaft und Herzblut aufbringen. Dann nehmen wir in Kauf, viel Energie für etwas aufzubringen, ohne eine Garantie für Erfolg zu bekommen. Je mehr Leidenschaft wir für eine Sache spüren, desto länger ist es auszuhalten, ohne Ergebnis dranzubleiben. Ob Sie an dieser Sache leidenschaftlich arbeiten, hängt mit Sicherheit auch davon ab, ob diese Aufgabe mit Ihren Talenten, Begabungen und innersten Wünschen zusammenhängt. Wenn dem so ist, werden Sie auch über diese Qualitäten verfügen. Dass viele Menschen nicht mit Leidenschaft an persönlichen oder beruflichen Projekten arbeiten, liegt aus meiner Sicht nicht an deren Unfähigkeit, eine solche Ausdauer aufzubringen, sondern daran, dass sie sich mit Dingen herumschlagen, die nichts mit ihren Talenten und Wünschen zu tun haben.

Nun gibt es aber auch mittelfristige Aufgaben, die wir erledigen sollten, die keine Leidenschaft in uns entfachen können, aber trotzdem wichtig sind. Zwei Beispiele habe ich schon genannt, die hier vielleicht angeführt werden können. Beispiel Diplomarbeit. Man kann gerne und mit Leidenschaft studieren und an diesen Themen mit Begeisterung dabei sein und trotzdem kann das wissenschaftliche Arbeiten zur Qual werden. Oder das Thema Abnehmen. Man will es unbedingt, aber trotzdem ist der Sport- und Diätplan nicht mit Leidenschaft und Herzblut umzusetzen. Also wird es verständlicherweise als sehr mühsam empfunden. Weiters ist mir das Beispiel Kundenakquise bekannt. Gerade Menschen im Dienstleistungsbereich sind Feuer und Flamme für ihre Tätigkeit, aber wenn es um die wichtige Neukundengewinnung geht, macht sich oft Frustration breit. Lernen für eine wichtige Prüfung ist ebenso ein Thema, denn theoretisches Wissen aneignen ist nicht gleichzusetzen mit der praktischen Anwendung dieses Wissens. In solchen und vielen anderen Fällen wird der Weg wohl kaum zum Ziel, da man den erforderlichen Tätigkeiten einfach keine Freude abgewinnen kann. Es geht dann ausschließlich um das Endergebnis und jede Handlung bis dort hin ist nur Mittel zum Zweck, sonst nichts. An solchen Dingen zu arbeiten ist aus meiner Sicht nicht weniger wertvoll oder gut, sondern genauso okay. In solchen Fällen besteht auch der größte Bedarf, sich selbst mental für das Dranbleiben zu unterstützen. Bei leidenschaftlichen Tätigkeiten erübrigt sich das meistens, da man ohnehin sehr gewillt ist, dranzubleiben.

Lust aus der Zukunft

Für die anderen Fälle möchte ich Ihnen gerne eine Methode anbieten, die Ihnen hilft, sich immer wieder zu überwinden und alles zu tun, was für Ihr gewünschtes Ergebnis erforderlich ist. Bei dieser Übung beschäftigen Sie sich nicht mit den Handlungen an sich, das wäre so gut wie zwecklos. Sie beschäftigen sich stattdessen nur mit dem Ergebnis, das Sie zu erreichen gedenken. Dabei tauchen Sie intensiv in die Vorstellung ein, wie es sein wird, wenn es erledigt ist. Der Trick dahinter ist, dass unser Gehirn nicht unterscheidet, ob wir uns etwas nur vorstellen, oder ob es real ist. Unser Gehirn hält auch intensive Vorstellungen für real und reagiert entsprechend. Dieser Mechanismus ist uns aus dem Alltag bestens bekannt. Beispielseise, wenn Sie an Saures denken, verändert sich in Ihrem Mund der Speichel, wenn Sie an eine sehr emotionale Situation denken, bekommen Sie vielleicht eine Gänsehaut und natürlich auch bei sexuellen Vorstellungen verändern sich gewisse Körperregionen. Das wäre alles nicht möglich, wenn unser Gehirn diese Vorstellungen für unecht halten würde. Dann hätte es keinen Grund entsprechende Botenstoffe auszusenden, die für die genannten Reaktionen verantwortlich sind.

Bei dieser Übung geht es also darum, unserem Gehirn eine erledigte Aufgabe zu zeigen, indem wir sie uns vorstellen. Dadurch bringen wir unser Gehirn dazu, entsprechende Botenstoffe auszuschütten, die in diesem Fall üblicherweise ein angenehmes Gefühl der Zufriedenheit, des

Glücks, der Gelassenheit oder auch Adrenalin und das Gefühl eines starken Bewältigungsglaubens auslösen. Diese Gefühle zeigen uns, wie es sein wird, wenn wir diese Aufgabe erledigt haben. Diese Gefühle werden dadurch zu einem Magneten, der uns anzieht in Richtung Fertigstellung beziehungsweise Erledigung von bestimmten Aufgaben. Im mentalen Training spricht man hierbei von der Lust aus der Zukunft, die in der Gegenwart Energien für das Dranbleiben freisetzt. Weiters wird sich in dieser Vorstellung ein innerer Text von einem Ihrer Persönlichkeitsanteile bemerkbar machen, der zu dieser Situation passt und Sie zum Dranbleiben animieren möchte und sich daher mit Ihnen verbünden will.

Wenn Sie die Übung mitmachen wollen, lade ich Sie jetzt ein, an eine bestimmte Situation zu denken, die eintreten sollte, für die Sie aber gewisse Aufgaben erledigen müssen, die Sie als unangenehm empfinden. Bleiben Sie in Ihren Gedanken nur noch bei der gewünschten Situation in der Zukunft.

1. Wunschsituation nach getaner Arbeit möglichst klar und intensiv vorstellen.
2. Aufmerksamkeit auf Gefühle richten. Wie fühlt sich diese Situation an? Dabei alle Sinneskanäle nutzen. Was sehen Sie? Was hören Sie? Was fühlen Sie? Was riechen oder schmecken Sie eventuell?
3. Versuchen Sie, diese Gefühle bewusst noch weiter zu verstärken und genießen Sie diesen Zustand.
4. Achten Sie auf innere Texte, die sich nun bemerkbar machen und unterstützend wirken. Sie können dabei Ihren inneren Anteilen auch die Frage stellen, wie Sie diese Situation am besten Realität werden lassen können.
5. Texte mit der größten unterstützenden Wirkung aufschreiben. Drei bis vier Aussagen.
6. Sich bei diesem inneren Anteil bedanken und die Vorstellung wieder beenden.

Wenn Sie diesen inneren und unterstützenden Text auf ein Kärtchen schreiben, das Sie immer bei sich tragen können, haben Sie ein gutes Werkzeug bei der Hand. Immer dann, wenn Sie das Gefühl haben, sich jetzt für eine bestimmte Aufgabe nur schwer zu überwinden, können Sie mit dem Kärtchen und einem kurzen mentalen Ausflug in die Zukunft Energien für gegenwärtiges Handeln freisetzen. Die Kombination aus Lesen von bestärkenden Texten, die aus Ihrem Inneren kommen, und der Wahrnehmung von zukünftigen Gefühlen nach getaner Arbeit lassen Ihrem inneren Haustier keine Chance.

Seinen Lebenstraum entdecken

Wenden wir uns nun der dritten und vielleicht wichtigsten Kategorie an Veränderungswünschen zu. Bis jetzt haben wir unmittelbare Handlungen betrachtet, wo das Anfangen meist die größte Hürde darstellt und mittelfristige Handlungspläne, wo das Dranbleiben uns gerne vor eine Herausforderung stellt. Bei der dritten Kategorie ist es weder das Anfangen noch das Dranbleiben. Zumindest nicht im manuellen Sinne. Die größte Hürde ist hier die konstante und fast ausschließlich gedankliche Beschäftigung mit diesen Wünschen. Und obwohl das so einfach klingt, ist es das, was die meisten Menschen vernachlässigen. Das kann mehrere Gründe haben: Die Vorstellung ist sehr vage und ändert sich laufend, alltägliche Handlungspläne blockieren langfristiges Denken und die Situation ist so weit in der Zukunft, dass der Kontakt dorthin immer wieder abreißt. Bei dieser dritten Kategorie von Wünschen geht es um Ihre ganz persönliche Lebensvision.

Eine Lebensvision ist viel mehr als das Definieren und Erreichen einiger Ziele. Sie ist eine Art inneres Bild, das Ihnen Ihre Bestimmung, Ihre Aufgaben und Möglichkeiten für dieses Leben zeigt. Dieses innere Bild zu erkennen, kann bereits ein längerer Prozess sein. Dieses Bild auch im Außen erlebbar zu machen, ist ein Prozess, der sich wahrscheinlich über die gesamte Lebenszeit erstrecken kann und auch soll. Ihre Lebensvision brauchen Sie nicht neu erfinden oder sich ausdenken. Sie existiert bercits. Die Herausforderung ist, sie zu entdecken und zur Grundlage unserer alltäglichen Entscheidungen zu machen. Teil dieser Lebensvision können natürlich auch äußere Ziele sein, die so groß sind, dass Sie jetzt noch keine Ahnung haben, wie Sie diese erreichen können. Das ist auch nicht wichtig. Wenn es Ihnen gelingt, mit Ihrer Lebensvision in Kontakt zu bleiben, werden Sie immer wieder Chancen erkennen und auch wahrnehmen, die Sie Ihren Zielen näher bringen.

Wenn ich von Bestimmung und einer bereits existierenden Lebensvision schreibe, dann klingt das sehr nach Schicksal und Vorherbestimmtheit. Das wollen wir üblicherweise nicht glauben, da wir daraus schlussfolgern, möglicherweise ein weniger gutes Leben bekommen zu haben, in dem wir das vielleicht niemals erreichen, was wir erreichen wollen. So sehe ich das nicht. Ich glaube schon, dass aufgrund unserer Veranlagungen, Talente und Fähigkeiten, die wir uns durch unsere Wünsche zusätzlich aneignen, eine bestimmte Richtung vorgegeben ist. Gleichzeitig glaube ich, dass jeder ausreichend Potenzial auf diesem Weg, ganz gleich in welche Richtung er führt, freisetzen kann, um ein absolut erfolgreiches und glückliches Leben führen zu können. Vielleicht können wir uns den Weg nicht aussuchen, auf dem wir unsere Lebensvision erfüllen können. Aber die Möglichkeiten auf jedem einzelnen Weg von uns sind groß genug, dass mich dieser Umstand nicht stören würde. Ich glaube auch gar nicht, dass wir wirklich etwas anderes wollen können, als es zu unseren Veranlagungen passt. Zumindest nicht, wenn man ehrlich zu sich selbst ist. Ich könnte natürlich versuchen mir einzureden, dass ich eine Ingenieurs-Karriere machen will, weil es vielleicht von mir erwartet wird. Aber aufgrund meiner Veranlagungen und Talente werde ich niemals in einem technischen

Bereich große Erfolge erzielen können. Gleichzeitig werde ich einen solchen Wunsch auch niemals von ganzem Herzen spüren können. Somit würde es mich noch weniger stören, wenn für mich ein bestimmter Weg gewissermaßen vorgegeben ist, da ich ohnehin keinen anderen Weg von ganzem Herzen wollen könnte. In den kommenden Zeilen unternehme ich den Versuch, Ihnen eine Möglichkeit aufzuzeigen, mit Ihrer Lebensvision (wieder) in Kontakt zu kommen. Wenn Sie sich auf diesen Prozess einlassen, bin ich mir sicher, dass Sie zu der Erkenntnis gelangen, ohnehin halbwegs in dieser Richtung unterwegs zu sein. Ich glaube nämlich nicht, dass man über einen längeren Zeitraum von seinem Weg abkommen kann. Probleme und Krisen würden uns das irgendwann aufzeigen, so lange, bis wir wieder auf Kurs kommen. Trotzdem ist es gut, sich seine Lebensvision bewusst zu machen und sich nicht nur unbewusst davon leiten zu lassen. Denn dann werden wir größere Erfolge auf unserem Weg erzielen können, da wir durch die Bewusstmachung mehr Klarheit bekommen und dadurch Chancen und Gelegenheiten besser erkennen und auch leichter gewillt sind, sie zu nutzen.

Bei dieser Bewusstmachung unserer Lebensvision versuchen wir über die Vorstellung einer besseren Welt, so wie sie aus unserer Sicht aussehen sollte, unsere Gedanken dazu immer weiter durch einen Trichter laufen zu lassen, der schließlich zu unserem Leben führt und uns zeigt, welchen Beitrag wir in diesem Leben leisten können. Das, was am Ende des Trichters an der engsten Stelle für uns und unser Leben herauskommt, sollte ein bestimmter Satz, eine bestimmte Aussage sein, die als Leitbild unserer Lebensvision zu verstehen ist. Zwischen den einzelnen Schritten der folgenden Übung sollten mehrere Tage liegen und für jeden einzelnen Schritt mindestens eine Stunde Denkklausur aufgewendet werden.

1. Auch bei dieser Übung empfiehlt es sich wieder mal mit Papier und Stift vorzugehen. Schreiben ist ein Hilfsmittel, um die Gedanken

zu klären. Weiters wird durch Schreiben eine Verbindung vom Bewusstsein zum Unterbewusstsein hergestellt. Gerade das ist bei der Findung seiner Lebensvision von großer Bedeutung. Denn nur durch unsere Gedanken im Bewusstsein kann der Blick auf die Lebensvision verstellt werden und diese Hindernisse können durch Schreiben umgangen werden. Bei diesem ersten Schritt stellen wir uns also ein Idealbild der Welt vor. Wie ist diese Welt beschaffen, wie leben die Menschen darin und was würde Ihnen ganz besonders in dieser Welt gefallen? Bei diesen Überlegungen dürfen Sie ruhig sehr groß und grenzenlos denken. Gerne können Sie ein komplettes A4 Blatt oder sogar noch mehr vollschreiben. Wenn Sie Ihre persönlichen Wünsche bereits kennen, so können diese eventuell auch Ideen für dieses Idealbild der Welt liefern. Nehmen Sie sich ruhig mindestens eine Stunde für dieses Hineinspüren in Ihren Lebenstraum Zeit.

2. Im zweiten Schritt geht es nun darum, diese sehr große Vorstellung zu reduzieren auf Ihr persönliches Umfeld. Dabei überlegen Sie, welche Auswirkungen würde diese Idealwelt auf Ihr Leben haben. Was wäre anders in Ihrer Region, in Ihrem Bekanntenkreis? Wie würden sich die Menschen in Ihrem Umfeld verhalten, was wäre alles selbstverständlich in dieser Vorstellung? Wie Sie merken, wandern wir im Trichter bereits ein Stück weiter hinab. Von den globalen Gedanken im ersten Schritt geht es hier um ein fokussiertes Denken in Ihrem persönlichen Umfeld.

3. Im dritten Schritt überlegen wir, was unser Beitrag für dieses Idealbild in unserem persönlichen Umfeld, also unserem Wirkungsbereich, sein kann. Neben Ihren Wünschen beim ersten Schritt kann hier Ihre Stärkenliste für Ideen hilfreich sein. Sehen Sie nun Möglichkeiten, was Sie aufgrund Ihrer Talente und Veranlagungen zu Ihrem Idealbild eines Lebens beitragen können? Dann kommen Sie Ihrer Lebensvision schon auf die Spur.

4. Wir nähern uns der engsten Stelle im Trichter und hier sollte jetzt

eine Aussage herauskommen, die für die eigene Lebensvision steht. Durch die Gedanken und Ideen im dritten Schritt sollten wir diese Aussage formulieren können. Dieser Satz kann beispielsweise beginnen mit: „Ich bringe ...", „Ich fördere ...", „Ich schaffe ...", Ich sorge für ..." oder Ähnliches. Den Satz führen Sie zu Ende mit dem, was sich in den vorangegangenen Schritten herauskristallisiert hat. Von dem Sie denken, dass Sie es aufgrund Ihrer Veranlagungen und Wünsche beitragen können und wollen. Vergleichen Sie diese Aussage Ihrer Lebensvision auch mit Ihren persönlichen Wünschen. Im Kapitel „Warum nicht?" wurde näher auf das Thema Wünsche eingegangen. Nehmen Sie einen dieser Wünsche oder auch alle, um Sie mit Ihrer erarbeiteten Lebensvision abzugleichen. Die Verträglichkeit sollte unbedingt gegeben sein.

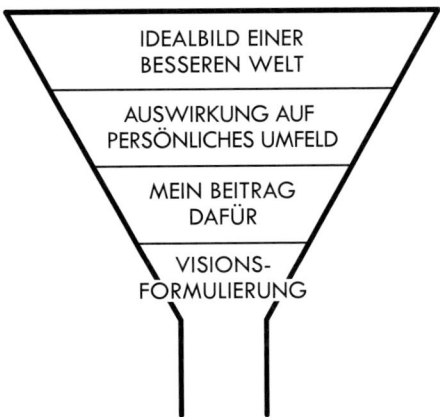

Modell für die Findung der eigenen Lebensvision.

Seine Lebensvision durch diese Vorgangsweise zu ergründen, halte ich für eine realistische Möglichkeit. Jedoch besteht das Risiko, dass Sie sowohl bei Ihren Wünschen als auch bei der Vorstellung eines Idealbildes des Lebens von gewissen inneren Anteilen manipuliert werden. Vielen von uns, wenn nicht sogar allen, wird fast ständig von Außen ein bestimmtes Idealbild suggeriert, wie wir und die Welt zu sein haben. Unser Ego spricht auf diese Einflüsse sehr gut an und versucht womöglich, bei der Ergründung unserer Lebensvision ein gehöriges Wörtchen mitzureden. Deshalb ist es wichtig, seine Gedanken bei dieser Arbeit immer wieder und so ehrlich wie möglich zu hinterfragen. Will ich das wirklich? Ist das tatsächlich das, was in meinem Innersten schlummert? Will ich das für mich, oder will ich doch nur den Erwartungen anderer entsprechen?

Wenn es Ihnen gelungen ist, Ihre Wünsche und Stärken im Vorfeld zu erforschen, haben Sie gute Orientierungshilfen für die kritische Hinterfragung Ihrer Lebensvision. Hilfreich kann auch ein Austausch mit einer Vertrauensperson sein. Zum Beispiel der beste Freund oder die beste Freundin, wenn in diesem Verhältnis wirklich tiefes Vertrauen herrscht. Dann kann man gerne eine solche Meinung einholen, ob die gefundene Lebensvision zu dem passt, was auch von dieser Person wahrgenommen wird.

Vom Traum zur Mission

Von der persönlichen Lebensvision gehen wir nun etwas detaillierter vor und bewegen uns wieder ein Stück zurück in unseren Alltag. Auf diesem Weg geben wir unserer Vision noch mehr Struktur. Und zwar geht es jetzt von der großen Lebensvision zu den einzelnen Lebensmissionen, die sich durch Ihre Lebensbereiche erstrecken. Zu Beginn des Buches haben wir bereits unser Leben in die drei Teilbereiche Beruf, Privat und Individuum aufgeteilt. Alles, was in diesen Bereichen passiert, ist Teil der Lebensvision. Da alle Handlungen, Entscheidungen und Ziele in diesen drei Bereichen bereits gegenwärtig geschehen, sprechen wir hier nicht von einer Vision, sondern von einer Mission. Jede unserer Lebensbereiche sollte zu einer eigenen Mission auf dem Weg zur Erfüllung der Vision werden. Anders könnte die Lebensvision auch niemals gelebt werden.

Für die Lebensvision legen wir keinen Zeitpunkt fest, in dem sie vollständig erfüllt sein sollte, da diese Vision nicht als Ziel, sondern als Einstellung, als Philosophie des eigenen Lebens verstanden wird. Damit wir die einzelnen Missionen auf diesen Kurs ausrichten und auch halten können, werden wir hier sehr wohl bestimmte Zeitpunkte ins Auge fassen, die uns als Orientierung helfen. Auch hier ermitteln wir am Ende eine bestimmte Aussage, die unseren Missionsauftrag zum Ausdruck bringt. Diesen Auftrag finden wir, indem wir einen bestimmten Rückblickspunkt wählen, von dem aus wir auf unseren jeweiligen Lebensbereich zurückblicken. Was wir bei diesem Rückblick sehen wollen, ist maßgeblich für unseren Missionsauftrag.

Beginnen wir mit der Berufsrolle:

1. Entscheiden wir uns für einen relevanten Zeitpunkt. Als Beispiel nehme ich zehn Jahre.

2. Worauf möchten Sie in zehn Jahren zurückblicken? Was soll erreicht worden sein? Was soll erlebt worden sein? Wie ging es Ihnen dabei emotional? Was waren die Highlights? Wie haben Sie sich persönlich weiterentwickelt? Welche Ihrer Stärken kamen am meisten oder immer wieder zur Geltung? Berücksichtigen Sie dabei, ob diese Ereignisse und Entwicklungen in Richtung Ihrer Lebensvision führen. Gerne können Sie sich hierfür wieder mindestens eine Stunde Zeit nehmen und eine Seite voll schreiben.

3. Formulieren Sie am Ende wieder eine Aussage, die zu dieser Mission passt und möglichst alles beinhaltet.

Mit den Lebensbereichen Privat und Individuum können Sie genauso vorgehen. Am Ende des Buches finden Sie die Info, dass online ergänzendes Material zu den hier beschriebenen Methoden zum Download für Sie bereitsteht. Es werden dort auch Kundenbeispiele aus der Coachingarbeit für Lebensvisions- und Missionsarbeit vorhanden sein. Diese erleichtern Ihnen vielleicht die bessere Umsetzung der einzelnen Schritte. Nach dem Bewusstmachen der Lebensvision und des Ausrichtens der einzelnen Lebensbereiche verfügen Sie also über vier Aussagen. Eine für die Lebensvision und drei für Ihre drei Lebensbereiche, also Ihren drei Missionen. Ihre herausformulierte Lebensvision kann zu einem Magneten werden, zu dem Sie sich immer wieder hingezogen fühlen, wenn Sie diesen Satz betrachten und verinnerlichen. Die einzelnen Missionen dienen als Art Leitplanken, die Sie auf Kurs halten und bei Ihren täglichen Entscheidungen und Handlungen unterstützen. Deshalb kann es gut sein, diesen Leitsätzen einen besonderen Platz in Ihrem Leben zu geben, damit Sie immer wieder daran erinnert werden. Manchmal überrasche ich Kunden, indem ich diesen Satz auf einem schönen Papier ausdrucke und einrahme, so dass man diesen Rahmen auf den Schreibtisch stellen kann oder auch für Zuhause, je nach Lebensbereich natürlich. So könnten auch Sie mit Ihren Ergebnissen umgehen. Es wäre schade, wenn Ihre klärenden Gedanken über Ihr Leben sehr schnell wieder im Alltagsgeschäft in Vergessenheit geraten.

Denken Sie immer wieder mal daran: Der Kontakt zu Ihrer Lebensvision ist entscheidend, mit welchem Engagement, Tatendrang, Glauben und Motivation Sie durchs Leben gehen. Auch Rückschläge haken Sie leichter ab, wenn Sie einen guten Draht zu Ihrer Lebensvision pflegen.

Der Kontakt zu Ihren einzelnen Missionen strukturiert den Weg zu einem erfüllten Leben nach Ihren Vorstellungen und bringt Ihren Fokus auch immer wieder ins Hier und Jetzt. Nur in seinen Wünschen und Vorstellungen zu verharren, wäre nämlich genauso unproduktiv wie gar keine zu haben. Nur positive Fantasien alleine schmälern die Energien und den Einsatz, mit denen man sich der Verwirklichung seiner Träume widmet, und können auf diese Weise die Umsetzung sogar sabotieren. Durch die einzelnen Missionen bekommen Sie konkrete Handlungsanweisungen für die Gegenwart. Sie führen Sie über die mittelfristigen Ziele zurück bis in die alltäglichen Entscheidungen, für die wir bereits in diesem Kapitel einige Tricks für eine konsequentere Umsetzung kennengelernt haben. Hier schließt sich der Kreis also. Ihre Lebensvision bekommt so Präsenz in all Ihren Aktivitäten, durch die sich ein roter Faden ziehen sollte, der mit Ihrem Lebenstraum zusammenhängt.

Unsere Träume können wir " "
erst dann verwirklichen, wenn wir uns entschließen,
einmal daraus zu erwachen.

" "
(Josephine Baker)

Dieses Zitat drückt es so treffend aus, warum neben der persönlichen Lebensvision auch die Missionen dorthin so wichtig sind. Der Traum ist die Vision. Das Erwachen aus dem Traum sind die Umsetzungen der Missionen.

In diesem Kapitel sind wir ziemlich weit gegangen. Zu Beginn sind Argumente vorgebracht worden, warum Unzufriedenheit zum Motor unseres Lebens werden kann. Dann haben wir beschlossen, uns nur noch auf veränderbare Dinge zu konzentrieren und zu den unveränderbaren Dingen zumindest unsere Einstellung zu verändern. Von einigen Motivationstricks für die Erledigung von unmittelbaren Aufgaben haben wir uns vorgewagt bis zur Lebensvision und sind dann durch die Missionen in den Lebensbereichen wieder zurück in die Gegenwart gekommen. So kann es gelingen, unserem Leben eine konstante Richtung zu geben, die zu unseren Talenten und Veranlagungen passt und unserem Leben auch Sinn und Fülle gibt.

All das ist hilfreich, unsere Unzufriedenheit konstruktiv zu halten, damit sie tatsächlich zum Motor unseres Lebens wird und sich dadurch auch das Gefühl von Zufriedenheit einstellen kann. Im nächsten und vorletzten Kapitel verlassen wir unsere mentale Welt und befassen uns mit etwas Greifbarem, das wir jeden Tag auch tatsächlich angreifen. Nicht immer sind wir dann ganz glücklich mit dem, was wir ertasten und doch brauchen wir das genauso dringend wie unsere Ziele und Visionen. Ich spreche von unserem Körper. Wie geht es Ihnen damit? Fällt es Ihnen jetzt vielleicht sogar leichter, unzufrieden zu sein? Dieses Mal möchte ich das aber gar nicht. Ich möchte im folgenden Kapitel für einen besseren Umgang mit unserem Körper plädieren und aufzeigen, warum ein gesunder Körper ebenso wichtig für unsere Lebensqualität ist wie unsere mentale Stärke, um die es bisher hauptsächlich gegangen ist. Es folgt jetzt kein Ernährungs- und Fitnessplan, sondern Möglichkeiten, wie wir unseren Körper als Werkzeug für mehr Erfolg, mentale Stärke und Lebensqualität nutzen. Unseren Körper haben wir tagtäglich bei uns, ist also unser wichtigster Partner. Deshalb frage ich:

VIII.

Sie und Ihr Körper: frisch verliebt oder Beziehungskrise?

Wie man seinen Körper für spontane Verbesserungen des Gemütszustandes nutzt, haben wir im zweiten Kapitel bereits erfahren. In diesem Kapitel geht es um ein nachhaltiges Bewusstsein für einen optimaleren Zugang zu Ihren körperlichen Fähigkeiten. Auch werden wieder einige Methoden beschrieben, mit denen Sie durch Ihren Körper wichtige mentale Faktoren wie Souveränität und Energiefluss aktivieren. Und natürlich geht es auch um Sport.

Move your ...

Erfolgreiche Menschen sind sportliche Menschen. Diese pauschale Aussage kann natürlich mit vielen Gegenbeispielen widerlegt werden. Und doch ist eine gewisse Zusammengehörigkeit nicht von der Hand zu weisen. Beim Frankfurt-Marathon wurde 2009 eine Studie mit viertausend Teilnehmern durchgeführt. Ein Drittel der Befragten war beruflich in einer Führungsebene beschäftigt. Die Hälfte hatte einen Universitätsabschluss und Läufer mit einem Jahreseinkommen ab fünfhunderttausend Euro hatten die schnellsten persönlichen Bestzeiten. Ich finde dieses Ergebnis beeindruckend. Aber auch im persönlichen Umfeld ist dieser Trend zu erkennen. Wenn ich von Marathon oder Triathlon erzähle, höre ich oft als Antwort: „ Mein Chef macht das auch.". Zufall? Wie sieht es bei Ihnen oder Ihrem Umfeld aus? Ich denke ein Zusammenhang zwischen beruflichen Erfolg und sportlicher Aktivität ist keine Seltenheit. Es wäre auch verwunderlich. Immerhin sind es dieselben Eigenschaften, die man für das Gelingen der beiden Bereiche braucht. Ehrgeiz, Durchhaltevermögen, Wunsch nach Anerkennung, Zielorientiertheit und vieles mehr. Menschen, die über diese Eigenschaften verfügen, wollen sie nicht nur für beruflichen Erfolg einsetzen, sondern auch in anderen Bereichen damit Erfolgserlebnisse erzeugen. Sport ist eine gute, wenn nicht sogar die beste Gelegenheit, diese Eigenschaften wieder mehr in den Mittelpunkt seiner Handlungen zurückzuholen, wenn diese abhandengekommen sind. Eine Folgewirkung kann dann sein, dass man mit diesen Eigenschaften auch andere Lebensbereiche beleben will. Wie zum Beispiel den beruflichen Erfolg. Dort verkümmern diese Eigenschaften manchmal. Im Sport holt man sie zurück und integriert sie wieder in das Geschehen. Zu leicht vergessen wir, wie schön es ist, etwas erreichen zu wollen und es dann tatsächlich zu erreichen. Im Sport geht das relativ leicht. Deshalb geht es auch leichter, die Quelle dieser Eigenschaften über den Sport wieder anzuzapfen und dann in andere Bereiche zu übertragen. Leichter deshalb, weil Sport eine ausschließlich eigenverantwortliche Tätigkeit ist. Es gibt keinen Kunden, keinen Chef und keinen Kollegen, der zu einem Ihrer Anliegen Nein sagen kann. Wenn Sie sich vornehmen, von A nach B zu laufen, dann entscheiden nur Sie, ob es Ihnen gelingt oder nicht. Hier liefert man sich den Beweis, zu was man in der Lage ist, wenn man eigenverantwortlich handelt. Ich spreche natürlich von Freizeitsport und Sportarten, in denen es keine Gegner gibt. Also sämtliche Ausdauersportarten. Dort ist man nur selbst sein Gegner.

Sich in seiner Freizeit durch sportliche Betätigungen Erfolgserlebnisse zu holen, ist die beste Möglichkeit, Selbstvertrauen auf ganzer Linie zu tanken. Es kommen dann Gedanken wie zum Beispiel: „Wenn ich diesen Halbmarathon durchziehen kann, schaffe ich ein anderes Projekt auch!". Sportliche Erlebnisse werden zu Ankern, die Sie in jedem Lebensbereich mit Ihrem Selbstvertrauen und Ihrem Bewältigungsglauben verbinden. Auch Menschen nach großen Krisen entdecken den Sport und bringen sich dadurch wieder zurück ins Leben. Beispielsweise Unternehmer, die plötzlich nicht mehr erfolgreich sind oder sogar einen Betrieb aufgeben müssen. Wenn es Menschen gewohnt sind, erfolgreich zu sein, dann wollen sie das auf jeden Fall beibehalten. Und wenn es dann im gewohnten Bereich gerade nicht geht, sucht man sich einen Anderen. Sport ist dann die erste Anlaufstelle für Erfolgshungrige. Auch ich bin meinen ersten Marathon in einer Phase meines Lebens gelaufen, wo ich geschäftlich einen ziemlichen Durchhänger hatte und nicht so schnell eine Wendung in Sicht war. Den Marathon wollte ich dann so schnell wie möglich machen, damit ich mich gut und erfolgreich fühle. Letztendlich geht es um das eigene Selbstwertgefühl, das man möglichst hoch halten möchte. Die Finisher-Medaille hängt immer noch neben dem Schreibtisch. Wenn mich mal meine Beharrlichkeit bei manchen Projekten verlässt, blicke ich auf die Medaille und erinnere mich schnell wieder daran, was ich zu tun habe: Step by Step weitermachen. Es gibt auch genügend Beispiele von Menschen, die eine erschütternde Diagnose erhielten und dann plötzlich mit Bergsteigen und anderen extremen Sportarten loslegten. Zum Leben trotzdem Ja sagen, wird in solchen Fällen durch Sport erreicht.

Freilich müssen es nicht immer extreme Situationen und Motive sein, die zu einer Sportlichkeit führen. Erholung, Energie tanken und ganz einfach der Genuss sind die häufigsten Beweggründe für regelmäßige Aktivitäten. Doch leider gibt es viele Menschen, die sich sagen, keine Kraft und Energie für Sport zu haben, da sie ohnehin völlig geschafft von der Arbeit nach Hause kommen. Es ist ein Trugschluss, dass man für Sport bereits im Vorhinein Energie übrig haben muss. Die Energie kommt erst durch die Bewegung wieder, nicht durch das Herumliegen, das gerne mit Regeneration verwechselt wird. Der Körper produziert erst dann wieder Energie nach, wenn sie im hohen Maße verbraucht wird. Energieverbrauch über die Muskulatur ist hierfür ein bewährtes Mittel. Ich möchte Sie einladen, ein kleines Experiment zu machen, damit sie selbst erspüren, wie ich das meine. Spannen Sie dabei Ihren linken Oberarm an, erhöhen Sie die Spannung etwas und halten Sie diese für einige Sekunden. Jetzt entspannen Sie wieder und lassen beide Arme ganz bequem und locker runterhängen. Schließen Sie für einige Sekunden die Augen und spüren einmal nach, wie sich beide Arme nun anfühlen. Merken Sie einen Unterschied? Welcher Arm fühlt sich jetzt besser an? Es sollte der linke Arm sein und ich möchte auch erklären, warum: Durch das Anspannen haben Sie Energie auf dieser Stelle verbraucht. Nach dem Entspannen hat Ihr Körper augenblicklich Energie nachproduziert und zwar mehr, als Sie verbraucht haben. Unser Körper versucht immer, Energie im Überfluss bereitzustellen. Durch den ungewohnten Energieverbrauch wurde in wenigen Augenblicken errechnet, wie viel Energie Sie benötigen, um für zukünftige Anspannungen gerüstet zu sein. Denn Ihr Körper will jetzt besser vorbereitet sein. Natürlich wird die Energieproduktion wieder vermindert, wenn nun keine weiteren Anspannungen folgen. Was Sie also im Normalfall nach dieser Übung spüren, ist ein erhöhter Energiefluss bei dem Arm, der vorher angespannt wurde.

Wie wirkt sich wohl dieser Effekt auf unseren Körper beim Laufen aus? Einer Sportart, bei der fast alle Muskeln abwechselnd angespannt werden? Nicht umsonst heißt es so oft, man geht müde Laufen und kommt hellwach zurück. Wann sind Sie am Montag fitter für die Arbeit: Wenn

Sie den ganzen Sonntag am Sofa verbringen oder zwischendurch ein paar Kilometer laufen? Muskelkater ist kein Argument! Der kommt nur bei neuen, ungewohnten Belastungen. Wenn sich der Muskelkater in Grenzen hält, freue ich mich sogar darüber. Denn dann spüre ich, die Komfortzone wieder ein bisschen verlassen zu haben. Apropos Komfortzone: Wenn Sie sich für regelmäßige Bewegung entscheiden oder bereits aktiv sind, vergessen Sie nicht, sich auch ein bisschen anzustrengen. Vielleicht tun Sie das sowieso, dann ignorieren Sie bitte die nächsten Zeilen. Dann richte ich mich jetzt an Leser, die Bewegung eher alibimäßig und deshalb ohne jeglichen Effekt betreiben. Da fallen mir spontan die Nordicwalker ein. Ich weiß, auch diesen Sport kann man ambitioniert betreiben. Allen anderen sei gesagt: Man darf dabei auch mal schwitzen, die Schminke darf ruhig mal verlaufen, die Stöcke müssen nicht hinterhergeschliffen werden und für Kochrezepte-Austauschen könnte man auch telefonieren, anstatt die gesamte Breite eines Radwegs einzunehmen. Gerüchten zufolge werden vorbeiziehende Läufer sogar regelmäßig aufgespießt.

Spaß beiseite. Jede Form der Bewegung unterstützt Sie. Wenn Sie keinen Trainingseffekt aufgrund zu geringer Belastung erzielen möchten, dann ist Bewegung in der frischen Luft trotzdem auch für das Immunsystem gut. Alltagsstress können Sie im Freien leichter loswerden als zu Hause. Weiters haben Sie dadurch auch Zeit für sich, mal alleine zu sein und möglichst abzuschalten. Für Ihren Individuums-Bereich also eine gute Gelegenheit. Aus dieser Perspektive betrachtet, ist es dann natürlich besser, sich ganz ohne Leistungsdruck zu bewegen. Aktive Erholung wäre dann die treffende Bezeichnung. In dieser Zeit erholt sich vor allem auch Ihr Geist. Das Resultat ist oft eine neue Sichtweise, die im normalen Alltag verstellt war. Probleme können plötzlich gelöst werden. Kreative Einfälle sind keine Seltenheit. Und alleine das Wissen, dass Sie etwas für sich getan haben, steigert Ihr subjektives Wohlbefinden. Sport ist also nicht nur für erfolgshungrige Leistungsmaschinen interessant, sondern auch für Genussmenschen, die Freude und Wohlbefinden aus einem gesunden Körperbewusstsein ziehen.

**Unser Körper ist unser Garten
– unser Wille der Gärtner**

(William Shakespeare)

Bewegung macht schlau

Der positive Effekt von Bewegung auf den kindlichen Intellekt ist inzwischen gut belegt. 2008 verglich der kanadische Gesundheitsforscher Francois Trudeau die Ergebnisse von rund einem Dutzend Studien. Er kam zu dem Schluss, dass eine Stunde Sport am Tag die Schulkinder nicht nur körperlich stärkt, sondern auch geistig beflügelt. Obwohl nun weniger Zeit zum Üben für die klassischen Fächer blieb, schrieben die Kinder bessere Noten als ihre nicht aktiven Mitschüler. Eine weitere Übersichtsarbeit zu zwölf anderen Studien ergab: Kinder, die an Sportprogrammen teilnahmen, waren intelligenter, kreativer und verfügten über bessere exekutive Funktionen, also die Fähigkeit, Probleme zu lösen, Handlungen und Emotionen zu steuern. Optimal haben sich nicht normale Sportstunden in der Schule erwiesen, sondern Spielen und Toben in der Natur oder auf naturnahen Spielplätzen. Kein Leistungsdruck verleidet hier die Bewegungslust. Hinzu kommt der Abenteuereffekt: Spannende Hausforderungen, der Wunsch und die Freude, sie zu meistern, setzen im Gehirn besonders viel Dopamin frei, einen Botenstoff, der laut Hirnforscher als Booster für das Verankern von Lernerfahrungen wirkt. Das Erklimmen von Felsen und Bäumen dürfte die neuronale Vernetzung im Gehirn höchst effektiv ankurbeln.

Ohne den gestrengen Blick der Erwachsenen ist es auch leichter, ganz im eigenen Tun aufzugehen: Wer Kinder in freier Natur beobachtet, wo sie stundenlang in eigenen Welten versinken, weiß, was gemeint ist. Sie erleben den Flow, wie es in der Psychologie heißt, jenen wachen und zugleich entspannten Bewusstseinszustand, der als Balsam für die Psyche gilt. Ich denke aber, dass der psychologische Nutzen von Bewegung auch für Erwachsene gilt. Auch wenn es nicht mehr um klassische Schulfächer geht, wo bestimmte Informationen aufgenommen und abgespeichert werden müssen, haben Erwachsene andere Bereiche, wo Lernerfahrungen stattfinden. Verkaufsgespräche, berufliche Herausforderungen und die Fähigkeit Konflikte zu lösen, gelten auch als Lernerfahrungen. Solche Situationen gelingen besser, wenn wir durch sportliche Aktivitäten für eine höhere Dopaminausschüttung sorgen. Voraussetzung dafür ist aber sicher, dass wir es mit Freude und Begeisterung machen. Früher war man in der Wissenschaft der Annahme, dass im Gehirn keine neuen Nervenzellen wachsen. Vor einigen Jahrzehnten fand man heraus, dass es doch so ist und noch etwas wurde entdeckt: Am schnellsten wachsen diese Nervenzellen während körperlicher Bewegung. Das beste Gehirnjogging ist also ganz normales Jogging.

Bewegungsaktive Menschen sind außerdem seltener krank, verfügen insgesamt über eine höhere Vitalität und strahlen das auch aus. Es muss nicht immer Laufen, Nordicwalken oder Wandern sein. Es darf auch mal eine Spur aggressiver werden. Zum Beispiel durch Holzhacken oder Kampfsport-Aerobic. In solchen Sportarten können Gefühle ausgelebt werden, die in unseren sonstigen Tätigkeiten unangebracht sind. Den inneren Druck wegzuboxen und innere Stärke erlebbar zu machen, sind Ziele dieser Aktivitäten. Für unsere Ausgeglichenheit ist es genauso wichtig, mal Dampf abzulassen und nicht immer nur zu entspannen. Gerade im Kampfsport werden mentale Fähigkeiten trainiert, die man auch außerhalb des Sports gut brauchen kann. Denn es muss auch im Kampfsport nicht zwangsläufig darum gehen, gegen jemanden zu kämpfen. Sie können auch für etwas kämpfen. Für ein selbstbestimmtes Leben, für Ihren Wohlstand, für Ihre Lebensqualität, für Ihre Ziele und so weiter. Es sind dieselben kämpferischen Anteile in uns, die uns dabei unterstützen wollen, wenn wir es zulassen. Dieses Potenzial wird am meisten vernachlässigt. Will man doch nicht als aggressiv und verbissen gelten. Man kann aber auch für etwas kämpfen, ohne diese typischen Attribute nach außen sichtbar zu machen. Unsere kämpferischen Anteile sind es, die uns absolute Leidenschaft, Hingabe und ein hohes Maß an Energie zur Verfügung stellen. Diese Fähigkeit kann in vielen Bereichen entscheidend sein. Wenn man zum leidenschaftlichen Krieger für seine Sache wird, ist man in vielen Fällen ohne jegliche Konkurrenz.

Körperorientiertes Mentaltraining

Nun möchte ich ganz einfache Übungen vorstellen, mit denen Sie bestimmte mentale Fähigkeiten durch Ihren Körper trainieren. Beginnen wir mit der Souveränität. Haben Sie schon mal Menschen beobachtet, die in stressigen Situationen ruhig und souverän bleiben? Die Bewegung der Hände und des Kopfes sind die wesentlichen optischen Merkmale von souveränen Menschen. Models trainieren einen sicheren Gang, indem sie Bücher auf dem Kopf tragen. Für eine ruhige und souveräne Körpersprache empfiehlt es sich, dass auch wir eine ähnliche Übung machen. Dabei tragen wir auf unserem Kopf beispielsweise ein kleines Bohnensäckchen oder was Sie halt sonst zu Hause haben. Jedenfalls etwas, das sich unserer Kopfform einigermaßen anpasst, aber auch nicht zu stabil liegt. Mit diesem Gegenstand am Kopf erledigen wir dann einige Aufgaben. Zum Beispiel: hinsetzen, aufstehen, gehen, rückwärts gehen, sprechen, über ein Hindernis steigen usw. Ziel ist natürlich, dass der Gegenstand am Kopf bleibt. Dazu wird es nötig sein, sich sehr ruhig und gelassen zu bewegen. Einen weiteren Durchgang dann ohne Gegenstand durchführen und dabei achten, sich genauso zu bewegen, wie beim ersten Durchgang. Idealerweise kombinieren Sie diese Übung mit der bereits beschriebenen Anker-Technik. In künftigen Situationen, wo

Ihre Souveränität gefragt ist, stellen Sie sich vor, diesen Gegenstand am Kopf zu tragen und setzen eventuell einen entsprechenden Anker für das zusätzliche Abrufen Ihrer Souveränität. Speziell in Gesprächssituation kann sich das sehr vorteilhaft auswirken. Hektisches Hin- und Herbewegen des Kopfes in angespannten Situationen, wie zum Beispiel bei Verhandlungen oder auch bei einem Flirt, gehören dann der Vergangenheit an. Durch eine beruhigte Körpersprache kommt es auch zu einer inneren Beruhigung, was sich positiv auf Ihre Sprache und Stimme auswirkt.

Betrachten wir eine weitere, mentale Fähigkeit, die uns sehr nützlich sein kann. Für die Erledigung unserer täglichen Aufgaben und Fertigstellungen von Projekten ist die Konzentrationsfähigkeit eine wichtige Eigenschaft, um strukturiert zu bleiben und sich nicht ständig zu verzetteln. Im mentalen Training gibt es hierfür Übungen mit Zahlen, Buchstaben, Texten, Musterfolgen und vielem mehr. In den warmen Monaten möchte ich aber eine körperbetonte Übung empfehlen, die aus meiner Sicht zu den besten Konzentrationsübungen überhaupt zählt: Barfußgehen. Im anspruchsvollen Gelände werden Sie automatisch Ihren Fokus auf jeden einzelnen Schritt richten. Durch die ungewohnten Sinneswahrnehmungen kommt es auch zu einer Vielzahl von positiven Effekten. Sie werden von Alltagssorgen abgelenkt, Ihre Körperwahrnehmung wird geschult, Stress wird reduziert, um nur einige zu nennen. Im weniger anspruchsvollem Gelände können Sie diese Übung mit einem Partner gemeinsam durchführen und sich abwechselnd die Augen verbinden. Das steigert zusätzlich Ihre Konzentration. Beim Barfußgehen bekommt jeder Schritt Ihre vollste Aufmerksamkeit. Diese Eigenschaft ist auch im normalen Alltag hilfreich. Menschen mit guten Bewältigungsstrategien für umfangreiche Tätigkeiten zeichnen sich nicht dadurch aus, dass sie alles auf einmal machen, sondern immer eine Sache mit vollster Konzentration zu Ende führen und sich dann der nächsten Aufgabe widmen. Barfußgehen ist eine Metapher für diese Fähigkeit und gleichzeitig wird diese Fähigkeit dadurch auch antrainiert. Darüber hinaus ist Barfußgehen eine gute Möglichkeit Verspannungen vor Prüfungen oder wichtigen Terminen zu lösen. Sogar Migränegruppen werden auf ärztliche Empfehlung zu dieser Aktivität animiert.

Sich spontan zu jeder Zeit entspannen zu können, ist ein Bedürfnis, das wir fast alle haben. Je stressiger die äußeren oder auch inneren Umstände, desto schwieriger wird es. Ein entspannter Zustand mindert den Energieverbrauch und ermöglicht uns dadurch einen größeren Handlungsspielraum für unmittelbare Situationen. Auch unsere Kreativität und Lösungsstrategien profitieren von einem entspannten Körper. Bewährte Mittel sind Entspannungsmusik, ein ruhiger Raum, eventuell auch eine Suggestion. Spontan steht das aber selten zur Verfügung. Was wir aber immer als Entspannungswerkzeug zur Verfügung haben, ist unsere Atmung. Speziell die Bauchatmung eignet sich sehr gut für das Erreichen eines entspannten Zustandes. Dabei wird bewusst in den Bauch hineingeatmet. Der Bauch sollte sich dadurch beim Einatmen wölben und beim Ausatmen wieder senken. Nur bei dieser Atmungsform kann sich die Lunge vollständig mit Luft füllen und dadurch auch Ihren Körper bestmöglich mit Sauerstoff versorgen. Wird dagegen die Brustatmung verwendet, kann sich das Zwerchfell nicht vollständig nach unten ausdehnen. Der Bauch ist dann eher angespannt und die Atmung insgesamt flacher. In stressigen Situationen und im hektischen Alltag neigen wir meistens zur Brustatmung, was Stressreaktionen noch weiter verstärkt. Die Bauchatmung würde unsere Stressreaktionen lindern.

Wenn Sie es gleich ausprobieren möchten, lade ich Sie zu dieser kurzen Übung ein:

- entspannte Sitz- oder Standhaltung einnehmen
- tief einatmen, Bauchmuskeln dabei entspannen und den Bauch weit nach außen wölben

- den Atem kurz anhalten
- das Zwerchfell entspannen, dadurch sinkt der Bauch wieder etwas zurück, die Bauchmuskeln spannen sich dabei leicht an und es folgt ein bewusstes, langes Ausatmen
- wiederholen, bis gewünschter Entspannungsgrad eintritt
- Ihre Gedanken können Sie dabei ebenfalls entspannen, indem Sie die Atemzüge einer Minute mitzählen
- darauf achten, dass Gesicht, Kopf und Hals unverkrampft bleiben

Ob im Büro, im Auto, in der überfüllten Straßenbahn oder auch zu Hause, tiefe Bauchatmung ist ein wirksames Mittel zur Entspannung an jedem Ort und sie gilt auch als die gesündeste Form des Atmens. Sie verbraucht weniger Energie als die Brustatmung und senkt überdies den Blutdruck.

Mit diesen drei Übungen möchte ich aufzeigen, was wir mit unserem Körper auch für unsere mentale Befindlichkeit tun können. Ich möchte Ihnen damit Lust machen, sich noch mehr damit zu beschäftigen, da wir ansonsten ein Leben lang ungenutztes Potential mit uns herum schleppen. Die Möglichkeiten an Übungen könnten endlos fortgesetzt werden und würden diesen Rahmen hier bei Weitem sprengen. Wenn Sie noch mehr alltagstaugliche Techniken für einen bewussteren Umgang mit Ihrem Körper kennenlernen möchten, empfehle ich die Bücher und Seminare von und nach Moshe Feldenkrais. Die Feldenkrais-Methode ist die anerkannteste Form für körperorientiertes Lernen.

Unser wichtigstes Organ

Im nächsten Teil dieses Kapitels beschäftigen wir uns mit einem Thema, das ebenso den Rahmen bei Weitem sprengen würde, wenn man sich eingehend damit befasst. Einige für uns aus meiner Sicht wichtigen

Aspekte dieses Themas möchte ich aber dennoch in diesem Buch thematisieren. Ich bin überzeugt, dass vieles einfacher, besser und schneller gelingen kann, wenn wir auf einen bestimmten Teilbereich unseres Körpers achten. Nämlich auf unser wichtigstes Organ, das Gehirn. Früher war man der Überzeugung, dass unser Gehirn ein Organ ist, das eine Zeit lang wächst und irgendwann fertig ist. Ab der Pubertät musste man dann mit dem zufrieden sein, was man halt bekommen hat. Zum Glück ist diese Annahme längst überholt. Heute wissen wir, dass unser Gehirn plastisch ist, sich also verändern und auch weiterentwickeln kann. Und zwar bis ins hohe Alter. Eine Bedingung gibt es allerdings schon: Wir müssen es fordern.

Unser Gehirn ist gewillt, uns ein Leben lang mit neuen Fähigkeiten auszustatten, wenn wir denn welche einfordern. Viele Menschen sind aber leider der Annahme, dass neue Fähigkeiten entweder automatisch kommen oder gar nicht. Irgendwann ist man dann der Meinung, nun vollständig entwickelt zu sein und sein Leben mit seiner vorhandenen Grundausstattung gestalten zu müssen. Vielleicht kommt diese Annahme von daher, dass wir als Kinder unsere Fähigkeiten vermeintlich automatisch bekommen haben. Tatsächlich war es natürlich so, dass wir praktisch zu jeder Minute geradezu erpicht darauf waren, neue Fähigkeiten zu erlangen. Die Begeisterung war zu dieser Zeit die mentale Komponente, die zu diesem schnellen Fortschritt unserer Fähigkeiten führte. Dieser Mechanismus würde heute noch genauso funktionieren, nur wird das leider vergessen und irgendwann verlangsamt sich der Fortschritt so drastisch, bis nur noch unbedingt notwendige Fähigkeiten für die Bewältigung unseres Alltags hinzukommen. Aus meiner Sicht bekommen viele Menschen viel zu schnell das Gefühl, nun angekommen zu sein. Natürlich ist es wünschenswert, mit beiden Beinen im Leben zu stehen und einigermaßen abgesichert zu sein. Es spricht aber nichts dagegen, immer wieder neue Erfahrungen machen zu wollen. Auch unter dem Aspekt, sein Gehirn nicht ständig zu unterfordern. Die Konsequenz aus dieser Unterforderung ist nämlich nicht die, dass der momentane Zustand dadurch erhalten bleibt, sondern dass die Gehirnfunktionen immer mehr verkümmern. Darunter leidet dann auch die Bewältigung des normalen Alltags und natürlich auch die Lebensqualität. Das Lösen von Kreuzworträtseln ist bei vielen das höchste der Gefühle, um die kognitiven Fähigkeiten zumindest zu erhalten. Diese Übung ist aber weit davon entfernt, eine adäquate Methode für Potenzialentfaltung zu sein. Denn dabei wird nur das abgerufen, was ohnehin schon vorhanden ist.

> ## Manche sterben mit 30 und werden mit 80 begraben
> *(unbekannt)*

Wie wäre es, wenn wir uns immer wieder mal mit völlig neuen Dingen intensiv beschäftigen? Zu einem Thema recherchieren, etwas schreiben, Seminare besuchen oder Sportarten ausprobieren, sind nur einige Beispiele. Jedem fallen Dinge ein, die interessant und neu sind, wo aber nicht die nötige Begeisterung dafür aufgebracht wird. Tun Sie es wenigstens Ihrem Gehirn zuliebe. Unser Gehirn ist auch nicht dafür konzipiert, jahrzehntelang das Gleiche zu machen. Dafür wäre vermutlich ein weniger komplexes System ausreichend. In anderen Bereichen sind wir auch nicht so bescheiden. Unsere Autos sind beispielsweise auch nicht dafür konzipiert, immer nur achtzig Kilometer pro Stunde zu fahren. Wir fahren gerne mal doppelt so schnell. Einen vernünftigen Grund gibt es dafür meistens nicht. Das Auto kann das und es macht manchmal Spaß, also tun wir es. Unser Gehirn kann auch mehr und es macht auch hier Spaß, mehr zu wissen, mehr erlebt zu haben, mehr Erfahrungen gesammelt zu haben, mehr Fähigkeiten erlangt zu haben und insgesamt einfach mehr zu können. Wenn uns das Leben beobachtet, muss es wohl das gleiche Gefühl haben wie wir, wenn wir hinter einem Sonntagsfahrer unterwegs sind.

Das Gehirn mit neuen Interessen zu fordern, ist vermutlich das Beste, was wir für dieses Organ und schließlich auch für uns tun können. Das

Gehirn vor unnützen und negativen Informationen zu bewahren, ist der zweite wichtige Faktor, auf den wir Einfluss nehmen können. Natürlich kann man sich nicht völlig von destruktiven Gedanken und Einflüssen abgrenzen, aber jeder von uns hat nach unten hin viel Spielraum. Über was sprechen wir, was lesen wir, was schauen wir im Internet und im Fernsehen an? Stundenlanges berieseln lassen von Fernsehsendungen ist angesichts unseres geistigen Potenzials eine Beleidigung für unser Gehirn. Oft wird argumentiert, dass es eben manchmal angenehm ist, vorm Fernseher auszuspannen. Auch wenn man dabei dieses subjektive Gefühl empfindet, glaube ich nicht, dass es für den Geist genauso angenehm ist. Ich glaube sogar, dass man dadurch zusätzlich Energie verbraucht, auch wenn man es nicht sofort bemerkt. Das fällt erst dann wieder auf, wenn man einige Zeit auf Fernsehen verzichtet und sich dann wiedermal diverse Sendungen ansieht. Ich habe früher auch viel ferngesehen und dann aufgrund einer Empfehlung in einem Buch für ein Monat darauf verzichtet. Das war richtig hart. Irgendwann wurde es aber normal. Und als ich dann nach diesem Monat wieder eingeschalten habe, war ich richtig erschrocken, wie sensibel ich plötzlich auf Nachrichten und Bilder von Katastrophen reagierte. Ich konnte gar nicht mehr richtig hinschauen. Dieser Kontrast hat mir dann zu denken gegeben, da dieses Experiment gezeigt hat, wie unsensibel wir sind, wenn wir ständig diese Nachrichten und Bilder sehen. Auch Unterhaltungssendungen empfand ich plötzlich als total nervig, obwohl ich das früher genauso entspannend und kurzweilig empfunden habe. Kurz darauf wurde das Kabelfernsehen endgültig verbannt. Das Fernsehgerät an sich gibt es schon noch, fristet aber eher ein dekoratives Dasein. Wobei gelegentlich eine DVD natürlich schon völlig in Ordnung ist für mich. Für andere Menschen ist das aber total unverständlich, wie man ohne Fernsehen seine Abende gestalten kann. Manchmal wird mir sogar mit Kopfschütteln begegnet. Mittlerweile weiß ich aber gar nicht mehr, woher ich früher so viel Zeit zum Fernsehen hatte. Es gibt so viele interessante Beschäftigungen, sodass mir nie wirklich langweilig ist. Ich könnte es mir mit Fernsehen gar nicht mehr vorstellen. Eine TV-Umfrage hat folgendes Ergebnis gebracht: Im Durchschnitt verbringen wir zehn (!) Jahre unseres Lebens vor dem Fernseher, indem wir durchschnittlich dreieinhalb Stunden pro Tag fernsehen. Ich musste dieses Ergebnis mehrmals nachrechnen, weil ich es nicht glauben konnte. Zehn Jahre seines Lebens vor dem Fernseher! Angesichts dieser vertanen Lebenszeit ist aus meiner Sicht hier erst recht Kopfschütteln angebracht.

Zusätzlich kommen im Internet viele Stunden in sozialen Netzwerken und Printmedien dazu. Hier bin ich weniger konsequent, da Berufliches mit Privatem bei diesen Aktivitäten verschwimmt und ich mit Sicherheit weniger Zeit investieren müsste. Ich bin aber auch kein Verfechter von nur noch positiven Nachrichten. Ich finde es okay, wenn in den Zeitungen fast ausschließlich negative Nachrichten gebracht werden. Der Mensch interessiert sich nun mal eher für das Ungewöhnliche. So lange in den Nachrichten negative Ereignisse gebracht werden, bin ich sogar beruhigt. Beunruhigend finde ich es, wenn sich Nachrichten dieser Art häufen: „CHICAGO. Erstmals seit fast einem Jahr ist in der US-Metropole Chicago nach Kenntnis der Polizei in einem Zeitraum von 24 Stunden kein einziger Schuss gefallen." (Jänner 2012)

An und für sich ist das eine positive Nachricht. Aber wenn so was mal in der Zeitung stehen muss, dann wird es bedenklich. Also von mir aus kann das gerne so bleiben mit den Nachrichten, wie es im Moment bei uns ist. Das heißt ja nicht, dass man ständig diese Nachrichten lesen muss. Zeitung lesen beschränke ich auf Samstag und unter der Woche klicke ich mich ein bisschen durchs Weltgeschehen im Internet. Auch da kann man selektiv vorgehen und wenn die Überschrift schon zu reißerisch klingt, dann meide ich solche Artikel. In den Wirtschaftsteilen der Zeitungen findet man Artikel über Rekordergebnisse von Unternehmen oder Konkurse. Da sollte man kurz innehalten und ehrlich zu sich selbst sein. Für was interessiere ich mich reflexartig mehr? Artikel mit Rekordergebnissen lese ich mittlerweile mit Begeisterung. Das bedeutet nicht, dass ich negative Nachrichten gar nicht lese. Denn auch daraus kann man für sich Lerngewinne ziehen. Aber aufgrund von Schadenfreude oder Sensationslust lese ich solche Artikel bestimmt nicht. So viel Gedankenhygiene wie möglich ist für mich das Ziel im Umgang mit Informationen und durch das Vermeiden einer ständigen Berieselung und unselektierter Nachrichten gelingt mir das am besten. Wenn Sie auch das Gefühl haben, dass Sie hier etwas für sich tun können, dann empfehle ich eine etwas radikalere Gedankenkur. Das bedeutet für einen Monat auf alle, wirklich alle Nachrichten und auch Fernsehen zu verzichten. Erst dann wieder mit selektiver Informationsaufnahme beginnen. Sie werden erstaunt sein, was diese kurze Zeit in Ihnen bewirkt und wie sehr dadurch auch Ihre Lebensqualität steigt! Dieser Monat wirkt nämlich in doppelter Hinsicht: Sie vermeiden die Aufnahme von negativen Informationen und zwingen sich gleichzeitig, die nun vorhandene Zeit mit alternativen Dingen zu verbringen, die im Normalfall sinnvoller sind als fernsehen. Wenn Sie Familie haben, steigert dieser Monat nicht nur Ihre, sondern auch die Lebensqualität aller anderen, da man mehr miteinander kommuniziert und auch mehr gemeinsam unternimmt.

Brainpower

Kennengelernt haben wir nun die Möglichkeiten, durch ein kontinuierliches Fordern und eine selektiertere Informationsaufnahme unser Gehirn besser zu nutzen. Eine weitere Möglichkeit ist eine bewusstere Nahrungsaufnahme. Ich meine damit nicht die üblichen Erkenntnisse zu Vitaminen, Kohlehydraten, Fetten und Eiweißen. Hier gibt es bereits ausreichend Literatur am Markt und ist auch nicht mein Fachgebiet. Meine Meinung dazu habe ich bereits kundgetan. Aus meiner Sicht wird der Faktor Bewegung fast bei allen Abnehmkonzepten zu wenig berücksichtigt und die Diätpläne scheitern meistens an der Umsetzungsstärke der Betroffenen. Hierfür ist mehr mentale Stärke notwendig. Deshalb haben aus meiner Sicht sämtliche Abnehmstrategien mehr Chancen auf Erfolg, wenn parallel dazu auch im mentalen Bereich an sich gearbeitet wird. Aber zurück zur Ernährung: Neben den klassischen Nährstoffen für die gewünschte Idealfigur gibt es auch andere Nährstoffe, die einen nicht weniger wichtigen Beitrag zu unserer Lebensqualität liefern. Nämlich Gehirnnahrung. Gedächtnisleistung, Kreativität und Intelligenz durch Nährstoffe fördern? Ja, das geht. Die entsprechenden Nährstoffe sind auch allgemein bekannt, nur die Wirkungsweise auf unser Gehirn meistens nicht so sehr. Deshalb wird auch keine bewusste Nutzung dieser Nährstoffe in unserer Ernährung berücksichtigt. Natürlich werden viele dieser Nährstoffe mehr oder weniger zufällig aufgenommen, aber da würde noch viel mehr möglich sein.

Der wichtigste Nährstoff für unser Gehirn ist Sonnenlicht. Johanniskraut ist Sonnenlicht in Pflanzenform und somit ein physischer Nährstoff, der sich optimal auf unser Gemüt auswirkt. Kurz zur Erklärung: Im hinteren Teil unseres Gehirns befindet sich die Zirbeldrüse. Dieses Wahrnehmungsorgan hat die Aufgabe Melatonin zu produzieren. Melatonin ist für unseren Biorhythmus zuständig und achtet auf unsere Schlafpausen. Deshalb wird dieses Hormon auch als Schlafhormon bezeichnet. Melatonin hat auch die Funktion, die Produktion von Endorphinen und anderen Glückshormonen zu mindern. Melatonin wird am stärksten bei einbrechender Dunkelheit produziert. Sobald die Zirbeldrüse wieder durch Sonnenlicht stimuliert wird, wird die Melatoninproduktion augenblicklich gestoppt, was zur Folge hat, dass Glückshormone wieder ausgeschüttet werden können. Deshalb spricht man gerne von Müdigkeit in den grauen Monaten und von Frühlingsgefühlen, wenn die Sonne wieder kräftiger wird. Und Johanniskraut stimuliert eben auch die Zirbeldrüse und hat sehr ähnliche Effekte wie Sonnenlicht. Am leichtesten ist dieser pflanzliche Nährstoff als Nahrungsergänzung zu bekommen. Die Funktion der Zirbeldrüse ist übrigens auch der Grund, warum im mentalen Training gerne mit Vorstellungen wie beispielsweise Sonnenaufgänge gearbeitet wird. Denn auch durch die mentale Vorstellung wird die Melatoninproduktion gestoppt und eine Freigabe von energievollen Hormonen bewirkt.

Hier nun eine Aufstellung von wirksamen Vitalstoffen für Intelligenz und gute Laune:

- Sonnenlicht ab 10 000 Lux
- photoaktive Pflanzen, wie Johanniskraut, Ginko biloba
- Kieselsäure, wie im Zinnkraut und in der Hirse
- Germanium wie im Knoblauch und auch Haderheck-Wasser
- ein Mineralgemisch, wie z.b. asica (Apotheke)
- ungesättigte Fettsäuren wie die Omega-3-Fette im Fisch oder aus der Apotheke (Timlic-Drink)
- Intelligenzelemente, wie Cholin/Lecithin, Vit. C-Komplex
- Adaptogene, wie in Schokolade, Bananen, scharfen Gewürzen
- Cerebrotonika, wie Glutaminsäure in Sojabohnen
- Geruchsstoffe: Zitrone
- Farben: gelb

Als allgemein wirksames Brainfood gelten Dinkel, Hafer, Hirse, Edelkastanien, Nüsse, Kichererbsen, Beeren und folgende Gewürze: Kardamon, Zimt, Muskat und Safran.

Es gibt natürlich auch die Möglichkeit, durch eigene Getränkemischungen sein Gehirn in konzentrierter Form zu unterstützen.

Ein Rezept für einen solchen Neuro-Shake wäre zum Beispiel:

- 1 Glas Vollmilch
- 1 Eigelb
- 1 EL Lecithingranulat
- 1 EL Weizenkeime
- 1 EL ungesättigte Öle

So wie das Johanniskraut, sind auch diese Zutaten teilweise am leichtesten als Nahrungsergänzung in Apotheken erhältlich.

Diese Informationen sind nur ein minimaler Auszug dessen, was zu diesen Themen bereits erforscht und durch Bücher veröffentlicht wurde. Wenn wir es schaffen, bei unseren Essgewohnheiten nicht nur an unsere Figur, sondern auch an unser Gehirn zu denken, können wir dadurch unsere guten Funktionen erhalten, sogar verbessern und auch degenerative Erkrankungen vermeiden. Nicht weniger wichtig, oder?

Erinnerungen als Motor

„Du bist, woran du dich erinnerst!!". Diese Aussage habe ich in einem interessanten Artikel gelesen und soll die Einleitung zum letzten Teil dieses Kapitels sein. Es geht um eine bestimmte Funktion unseres Gehirns, die sich auf die Vergangenheit bezieht, aber doch auch unsere Gegenwart und sogar Zukunft beeinflusst: unser Gedächtnis. Das, woran wir uns erinnern, ist ein Spiegelbild unserer gegenwärtigen Gedankenausrichtung. Wir erinnern uns an das, was wir unbewusst oder auch bewusst in unserem zukünftigen Leben noch erwarten. Erinnerungen wirken wie ein selbstregulierendes System: Wir suchen immer wieder die Umstände und Personen auf, die unsere Erinnerungen und somit auch Erwartungen bestätigen. Menschen mit starken Motiven und Zielen suchen automatisch nach Erinnerungen, die früher erlebte Erfolge zurückrufen, um sich daran zu erfreuen und neu zu motivieren. Ein beträchtlicher Teil der Menschen ist aber anders gepolt. Sie erinnern sich an Ereignisse, die schwierig, gefährlich und frustrierend waren. Diese Gruppe hat ihre Erwartungshaltung an die Zukunft nicht auf Wunscherfüllung, Anerkennung, Erfolg, Spaß und Glück gelenkt, sondern viel mehr auf das Vermeiden von unangenehmen Erlebnissen. Im „Komfortzonen-Kapitel" haben wir diese beiden Gruppen auch schon kennengelernt. Jetzt erfahren wir, dass dies eine bestimmte Gedächtnisausrichtung als Ursache haben kann. Und wir erfahren, wie wir uns umpolen können, wenn wir das wollen.

Stellen Sie sich vor, Sie müssen sich zwischen zwei Möglichkeiten entscheiden. Die eine Möglichkeit bietet eine interessante Chance, ist aber mit einem Risiko verbunden. Die andere Möglichkeit ist, diese Chance nicht zu ergreifen. Obwohl sich diese Möglichkeit an die Zukunft richtet, wird auch Ihr Gedächtnis aktiviert und schaut in der Vergangenheit nach, ob es eine vergleichbare Situation schon mal gab. Als Metapher kann man sich im Gehirn verschiedene Aktenschränke mit Ordnern vorstellen. Ihr Gedächtnis-Mitarbeiter marschiert also zu diesen Aktenschränken, zieht einen Ordner heraus und präsentiert Ihnen den Inhalt. Nun werden Sie sich höchstwahrscheinlich nach diesem Inhalt orientieren und fällen so Ihre Entscheidung. Wenn Ihnen ein Negativerlebnis gezeigt wird, werden Sie dieses Erlebnis vermeiden wollen und entscheiden sich gegen eine Chance. Wenn Ihnen ein Erfolgserlebnis nach dem Ergreifen einer früheren Chance gezeigt wird, dann werden Sie es auch jetzt wieder versuchen. Der Gedächtnis-Mitarbeiter hat allerdings nicht die Aufgabe, eigenständig zu überlegen, welchen Ordner er Ihnen präsentieren sollte. Er richtet sich nach dem, was Sie sehen möchten. Das spürt er intuitiv und geht deshalb immer zu den gleichen Schränken. Das heißt nicht, dass es sonst keine Schränke mit anderen Ordnern geben würde. Das bedeutet nur, dass Sie sich bisher von einer bestimmten Kategorie an Ordnern öfter leiten haben lassen und Ihr Gedächtnis-Mitarbeiter diese jetzt für die interessantere Kategorie hält.

Mit jeder weiteren Entscheidung, die wir aufgrund dieses Abgleichs in unseren Aktenschränken fällen, verstärkt sich dieser Trend. Und wir fällen fast jede Entscheidung nach diesem Prinzip, da wir in jeder Situation intuitiv nach vergangenen Situationen suchen, die eine Ähnlichkeit aufweisen. Für ein abwechslungsreiches Leben kann dieses Muster zum Verhängnis werden.

Es kann aus meiner Sicht nicht aufgeklärt werden, ob der Weg zu den Aktenschränken im Gedächtnis zuerst da war und sich unsere Erwartungshaltung an die Zukunft daran begonnen hat zu orientieren. Oder ob wir aus irgendeinem anderen Grund eine bestimmte Erwartungshaltung haben und wir erst dadurch den Gedächtnis-Mitarbeiter immer wieder zu denselben

Aktenschränken schicken, damit uns diese Erwartungshaltung bestätigt wird. Nachfolgend möchte ich eine Möglichkeit aufzeigen, wie wir eine neue Kategorie an Ordnern anlegen und unseren Gedächtnis-Mitarbeiter immer wieder dorthin schicken. Dieser Ordner beinhaltet unsere alltäglichen Highlights (ja, die gibt es!) sowie alle kleinen und großen Erfolgserlebnisse. Dieser Ordner kann die Aufgabe erfüllen, den Weg in unserem Gedächtnis dorthin attraktiver zu machen, damit er öfter benutzt wird. Und falls dies ohnehin schon der Fall ist, kann dieser neue Ordner diesen bereits vorhandenen Trend weiter verstärken. Vielleicht erinnern Sie sich an ein früheres Kapitel und erkennen einen zusätzlichen Mehrwert dieses Ordners. Im Kapitel „Warum nicht?" ging es um die Wichtigkeit von Gründen, die man für das Gelingen eines bestimmten Vorhabens anführen können sollte, damit die Tischplatte mit Ihrer Überzeugung auf einem stabilen Fundament steht. Durch diesen neuen Ordner wird Ihnen das leichter fallen. Das Prinzip hinter unseren Entscheidungen ändern wir dadurch nicht, aber möglicherweise die Richtung, in die wir durch unser Gedächtnis geführt werden.

Die Richtung vorgeben

Um diesen neuen „Gehirn-Ordner" anzulegen, führen Sie ein persönliches Highlight-Tagebuch. Eine ähnliche Methode haben Sie bereits kennengelernt, um Ihre Stärken und Talente im Alltag sichtbar zu machen. Dabei notierten Sie pro Tag zwei gelungene Ereignisse und ergänzten diese mit der entsprechenden Stärke, die dafür verantwortlich war. Das Highlight-Tagebuch unterscheidet sich dahingehend, dass Sie nun täglich Ihr persönliches Highlight aufschreiben. Ob dieses Ereignis durch Sie oder durch andere Umstände passiert ist, ist nicht wichtig. Es geht nur um das Gefühl, das Ihnen dieses Ereignis vermittelt hat. Das Beste, was Sie heute erlebt haben, wird als Tageshighlight eingetragen. Am Ende der Woche betrachten Sie Ihre sieben Tageshighlights, spüren noch einmal in jedes einzelne Ereignis hinein und wählen das Wochenhighlight. Das setzen Sie einen Monat lang so fort und betrachten am Ende des Monats die vier Wochenhighlights, spüren noch einmal in jedes einzelne Ereignis hinein und wählen das Monatshighlight. Sie können das auch bis zum Jahreshighlight fortführen. Eine typische Reaktion auf diese Übung lautet: „Es gibt aber nicht jeden Tag ein Highlight." Haben Sie sich das auch gedacht? Ich meine, es gibt jeden Tag etwas, das man hier eintragen kann. Wenn es nichts ganz Großes ist, gibt es zumindest eine Kleinigkeit. Und es spricht nichts dagegen, dass man selbst ein bisschen nachhilft. Jemandem ein Kompliment machen, sich unerwartet bei jemandem bedanken und Lob aussprechen, wären einige Beispiele. Auch wenn sich die Betroffenen dann natürlich auch gut fühlen, ist das unvergleichlich zu dem Gefühl, dass man sich selbst dadurch gibt. Es kostet nämlich ganz schön Überwindung, sich bei einer fremden Person für etwas zu bedanken, das für die meisten anderen sowieso selbstverständlich ist. So eine Aktion kann zu einem wahren Tageshighlight werden. Dazu fällt mir eine kleine Episode ein: Ich stand an der Kasse einer bekannten Büroartikel-Kette, in der die Geschäfte meistens sehr dürftig mit Personal besetzt sind. Vor mir war ein Mann, der einen Artikel kaufen wollte, an dem das Etikett nicht mehr oben war. Die Kassendame war die einzige Mitarbeiterin in der Filiale und wollte hinten im Lager die Artikelnummer ausfindig machen. Leider vergeblich. Nach einem Fünfminuten-Telefonat mit einer anderen Filiale ging sie abermals nach hinten, um den Artikel zu finden. Inzwischen standen schon einige sehr ungeduldige Menschen hinter mir. Als sie wieder ohne Artikelnummer retour kam und nochmals eine andere Filiale anrufen musste, hat es dem ersten gereicht und ist schimpfend aus dem Geschäft gegangen. Irgendwann hat es dann geklappt und ich kam an die Reihe. Hinter mir häuften sich unangenehme Bemerkungen, aber die Verkäuferin blieb ruhig und freundlich. Das sollte meine Gelegenheit sein, um jemand anderem und auch mir ein gutes Gefühl zu geben. Ich habe mich bei ihr bedankt, dass sie trotz der Unannehmlichkeiten souverän ihre Arbeit macht, die Nerven behält und alles so schnell wie möglich erledigt hat, denn immerhin sei sie alleine im Geschäft. Ich habe das so laut gesagt, dass plötzlich auch die Leute hinter mir zustimmend nickten. Die

Verkäuferin ist natürlich aufgeblüht, hat sich sehr bedankt und kam dabei sogar etwas in Verlegenheit. Zugegeben, hat mir diese Aktion eine ziemliche Überwindung gekostet. Aber das Gefühl, das ich beim Rausgehen aus dem Geschäft mitnahm, war für mich mindestens genauso stark wie das Lob für die Verkäuferin und an dem Tag bestimmt mein Tageshighlight.

Das Highlight-Tagebuch hat also mehrere Effekte: Sie beginnen mehr und mehr im Alltag nach Highlights zu suchen. Das heißt, Sie entwickeln eine selektive Wahrnehmung nach positiven Ereignissen. Das hebt Ihre Grundstimmung und macht Sie automatisch optimistischer. Weiters entwickeln Sie Kreativität, wie Sie selbst zu Highlights kommen können, was Sie selbst dafür tun können. Das steigert Ihr Selbstvertrauen. Durch den wöchentlichen Rückblick in diesem Tagebuch schicken Sie Ihren Gedächtnis-Mitarbeiter immer wieder zu diesem Ordner, in dem all diese Ereignisse abgelegt sind. Das bedeutet, dass Sie dadurch auch immer wieder an diese erlebten Gefühle erinnert werden und auch im Nachhinein sich dadurch gut fühlen. Da Sie die Übung fortführen, erwarten Sie auch in der Folgewoche wieder positive Erlebnisse. Ihrem Gedächtnis-Mitarbeiter sagen Sie dadurch, dass dieser Ordner nun der Interessantere ist und er bei zukünftigen Situationen verstärkt dort nachschauen sollte. Diese Denkweise wird irgendwann zur Gewohnheit und das, was Sie noch vom Leben erwarten, sind dann Highlights, Erfolgserlebnisse und ganz einfach tolle Gefühle. Und diese Erwartungshaltung ermöglicht Ihnen einen Handlungsspielraum, der genau das in Ihr Leben bringt.

In diesem Kapitel geht es um unseren Körper und doch sind wir wieder sehr bei mentalen Wirkungsweisen angekommen. Diese Wechselwirkung zwischen körperlicher und mentaler Fitness sollte im Umgang mit unserem Körper immer bedacht werden. Auch das, mit dem wir uns beschäftigen und woran wir uns erinnern wollen, ist die Basis für zukünftige Erlebnisse und Erfolge. Unseren Körper mit all seinen Funktionen als Werkzeug für ein gelungenes Leben zu nutzen, darauf sollte dieses Kapitel Lust machen. Dazu ist es wichtig, unseren Körper dankbar anzunehmen. Viele von uns sind auf Makel fixiert. Auch bei unserem Körper gilt: Was wir ändern können und wollen, sollten wir in Angriff nehmen. Alles andere akzeptieren wir am besten. In jedem Fall brauchen wir unseren Körper für ein möglichst spannendes und langes Leben. Alleine deshalb hat er einen würdigen Umgang verdient. Ob wir ihn verkümmern lassen oder durch ihn Kraft und Vitalität in unser Leben bringen, entscheiden wir täglich selbst.

Wir entscheiden auch täglich selbst, in welche Richtung es weitergehen soll, was wir bereit sind, für ein erfülltes und spannendes Leben zu tun. Wir entscheiden auch, was wir mit den Inhalten dieses Buches machen, das sich schön langsam dem Ende nähert. Es sind Ihnen viele Fragen gestellt worden. Manche nur rhetorisch, aber manche auch, um Sie zu erreichen und Ihre Aufmerksamkeit zu gewissen Themen zu gewinnen. Eine Frage möchte ich Ihnen abschließend noch stellen, die das letzte Kapitel in diesem Buch einleitet. An dieser Stelle ist das die wichtigste Frage, da die Antwort darauf zeigt, ob ich mit diesem Buch mein Ziel erreicht habe und Sie nützliche Impulse aus diesem Buch mitnehmen. Deshalb frage ich:

Kommst Du mit?

Mitkommen auf einem Weg, der uns das Leben besser und erfolgreicher gelingen lässt. Mitkommen in eine Richtung, in der wir unsere Aufgabe erfüllen können und nicht müde werden, das Beste aus uns zu machen. Mitkommen auch deshalb, weil ich selbst auf diesem Weg in diese Richtung unterwegs bin und gerne möchte, dass wir das gemeinsam machen. Deshalb möchte ich Ihnen in diesem letzten Kapitel auch das Du anbieten. Das will ich auch deshalb, weil wir in diesem

Buch viele persönliche Themen aufgegriffen haben und Du mir vertraut hast, indem Du dieses Buch gelesen und vielleicht auch manche Übungen mitgemacht hast. In einer realen Coachingsituation ist dieses Vertrauen ein wesentlicher Faktor für den Erfolg der Zusammenarbeit. Ich denke daher, dass auch dieses Buch länger und intensiver auf Dich unterstützend wirken kann, wenn wir durch dieses Du ein Stück weiter zusammenrücken.

Wenn wir uns gemeinsam auf den Weg machen, dann wird das wahrscheinlich in realer Form nicht möglich sein. Aber sehr gerne können wir uns im Facebook vernetzen und uns so auf dem Laufenden halten, was wir tun und erreichen. Darüber würde ich mich sehr freuen! Ich möchte Dir versichern, dass ich noch viel vorhabe und daher auf diesem Weg bleibe und mit den in diesem Buch beschriebenen Anregungen auch weiterhin diese Richtung verfolge. Und ich freue mich, wenn ich mir vorstellen darf, dass auch Du Dich auf den Weg machst und die Richtung wählst, in der Du das bestmögliche Leben leben kannst. Jeder in seinem Bereich, machen wir etwas Besonderes aus unserem Leben. Warten wir nicht länger. Packen wir es an!

Danke

Den Entschluss, ein Buch zu schreiben, fällt man selbst. Aber was wäre dieser Entschluss ohne Menschen, die zum Gelingen eines solchen Projekts beitragen würden? Vieles in diesem Buch basiert auf Erfahrungen, in denen auch andere Menschen maßgeblich involviert waren. Dadurch entstanden viele Ideen, Inspirationen und natürlich auch fachliche Umsetzungen. Manche waren direkt und manche indirekt an diesem Buch beteiligt. Jeder Beitrag sollte an dieser Stelle gewürdigt werden. Deshalb bedanke ich mich bei folgenden Menschen aus meinem nahen Umfeld für ihre Unterstützung:

Dorit Bauernfeind, die als Lebensgefährtin für meine persönliche Entwicklung einen großen Beitrag leistete und auch heute noch eine sehr gute Freundin ist. Doris und Wolfgang Fasching, die durch eigene sehr erfolgreiche Bücher wertvolle Tipps für dieses Buch geben konnten. Martina Kraxner, die ich auf sehr unkonventionellen Wege kennenlernen durfte und durch sehr persönliche Erfahrungen zu diesem Buch beitrug. Alexander Biereder, der bei unseren mehrstündigen Läufen meine Ideen und Pläne über sich ergehen lässt und für dieses Buch so manch wichtiges Feedback gab. Johanna Sponsky, die seit Jahren alle grafischen Belange für mich umsetzt und dadurch kaum wie sonst jemand all meine Projekte und Ideen kennt. Ralf Lehner ist ein langjähriger Freund und ihm habe ich meine Teilnahme beim IRONMAN zu verdanken!

Ein besonderer Dank gilt auch Walter Ablinger, der durch sein Interview diesem Buch noch zusätzliche Kraft gibt. Der Wiener Kongress für mentale Stärke war und ist ein wichtiges Projekt für meine Arbeit als Coach, deshalb bedanke ich mich bei Werner Schweitzer für die Einladung, dieses Projekt gemeinsam zu entwickeln.

Bestimmt gibt es noch viele mehr, die mir bitte verzeihen werden, wenn ich jetzt nicht an sie denke.
Ein großes Dankeschön gilt natürlich dem gesamten Team vom Verlag, das sehr engagiert dieses Buch erst wirklich zu einem Buch machte.

Danke!

Literaturverzeichnis

Impulse, Inspiration und Wissen:

Arthur L. Williams: Das Prinzip Gewinnen, Redline Wirtschaft

Andreas Salcher: Meine letzte Stunde, Ecowin

Wolfgang Fasching: Du schaffst was du willst, colorama

Gerhard Scheucher und Christine Steindorfer:
Die Kraft des Scheiterns, Leykam

Bernhard Moestl: Shaolin – Du musst nicht kämpfen, um zu siegen, Knaur

Anthony Robbins: Grenzenlose Energie, Allegria

Günter Faltin: Kopf schlägt Kapital, Hanser

Christopher McDougall: BORN TO RUN, Blessing

Manfred Winterheller: start living 1, Winterheller

John Strelecky: The Big Five for Life, dtv

Raymond Hull: Alles ist erreichbar, rororo

Gerhard Roth: Aus Sicht des Gehirns, suhrkamp

Gerald Hüther: Was wir sind und was wir sein könnten, Fischer

Gerald Hüther: Die Macht der inneren Bilder, Vandenhoeck & Ruprecht

Friedemann Schulz von Thun: Miteinander reden 3, rororo

Claudia Bender und Michael Draksal: Das Lexikon der
Mentaltechniken, draksal

Martin Wehrle: Die 100 besten Coaching-Übungen, managerSeminare

Skripten Mentalcollege Bregenz (2009-2011)

**Artikel der Fachzeitschriften Gehirn&Geist und
PSYCHOLOGIE HEUTE** (06/07/12)

Artikel aus dem Wirtschaftsmagazin brand eins (06/12)

Der Vortrag zum Buch. Für mehr Performance und Zufriedenheit in allen Lebensbereichen.

mentales Training in der Unternehmenswelt dargestellt. Darüber hinaus wird auf Studienergebnisse zu unterschiedlichen Karriereentwicklungen zwischen Frauen und Männern näher eingegangen und welche mentalen Faktoren daran beteiligt sind.

Dieses Sammelwerk sollte in keinem Bücherregal von InteressentInnen an mentaler Stärke fehlen!

Die AutorInnen:

Michael Altenhofer (Mentalcoach&Buchautor, Kongressveranstalter)
Prof. DDr. Manfred Spitzer (Neurowissenschaftler)
Bernhard Moestl (Bestsellerautor&Trainer)
Gerhard Scheucher MBA (Speaker&Unternehmensberater)
Thomas Tschernitschek (Mentaltrainer)
Andrea Szekeres-Haldimann lic.phil.(Organisationsberaterin)
Petra Baumgarthuber MBA (Trainerin)
Stefan Kindermann (Schachgroßmeister)
Paul Lürzer, MSc (Trainer&Coach)
Mag. Kristin Walzer (Mentaltrainerin)
Ronny Kokert (Trainer&Buchautor)
Dipl. Bw. Werner Schweitzer
(Mentalcoach&Unternehmensberater, Kongressveranstalter)
Dr. Doris Weyer (Unternehmerin)
Mag. Andy Kutil (CEO Kraft Foods Austria)
Univ. Prof. Dr. Sabine Koeszegi (Institutsleiterin TU Wien)
Dr. Erika Kleestorfer (Unternehmerin&Lebensberaterin)
Mag. Harald Janisch (Fachgruppenobmann Lebensberatung WKW)
Beatrix Schwärzler (Mentalcoach)

bestellbar unter
www.mentalkongress-wien.at

**Am Ende gilt doch nur,
was wir getan und gelebt – und nicht,
was wir ersehnt haben.**

(Arthur Schnitzler)

TU ES – Plädoyer gegen das Aufschieben: Der Vortrag zum Buch!

Als Vertiefung der in diesem Buch beschriebenen Methoden und Übungen empfehle ich zusätzlich einen Vortrag oder eine Veranstaltung zu besuchen.

Aus der Lernforschung wissen wir, dass der größte Lerngewinn durch die praktische Anwendung von Informationen erreicht wird. Einfache Übungen zum Mitmachen und spannende Erzählungen zeichnen diesen Vortrag aus.

Durch diese unterschiedlichen Sinneseindrücke ergibt sich eine optimale Vertiefung der Inhalte:

- Nur Hören 20%
- Nur Lesen 30%
- Lesen und Hören 50%
- Lesen, Hören und selber Tun **90%**

Alle Informationen zu unseren Vorträgen und Veranstaltungen finden Sie unter

www.erfolgsagentur.at

Auf dieser Website wird auch ergänzendes Material zum Buch kostenfrei zum Download angeboten.

Vom Autor noch erschienen:

MENTALE STÄRKE
Band 1

Das Buch zum Wiener Kongress

Bringt mentale Stärke neben dem Spitzensport auch in anderen Lebensbereichen einen entscheidenden Vorteil? Diese Frage wurde von renommierten Wissenschaftlern, Coaches und UnternehmerInnen im Rahmen des 1. Wiener Kongress für mentale Stärke am 29. und 30. Juni im Tech Gate Vienna thematisiert. In Vorträgen, Workshops und Diskussionen wurden Methoden und Erkenntnisse aus unterschiedlichen Perspektiven vorgestellt und mit den TeilnehmerInnen lösungsorientierte Maßnahmen erarbeitet.

Nun präsentieren die Protagonisten dieser Veranstaltung ihre Themen, Inhalte und Methoden in Buchform und laden dazu ein, sich vertiefend auf das breite Spektrum von mentaler Stärke einzulassen.

Auszug aus den Inhalten:

Erkenntnisse aus der Hirnforschung für Persönlichkeitsentwicklung, Bewusstsein für Erfolg schaffen, Scheitern als Chance, durch Meditation zu höherem Selbstwert, mit Drucksituationen besser umgehen, Gelassenheit erlangen, Strategien der Schachgroßmeister anwenden, Kraft der Worte, Flow erlebbar machen, den Körper als Kraftquelle nutzen, durch Inner Game im Kopf gewinnen und sich selbst lieben lernen. In Interviews werden Erfahrungen und die aktuelle Situation in Bezug auf